主催　一般財団法人　全日本情報学習振興協会

問題

情報セキュリティ管理士認定試験

Ⅰ．情報セキュリティ総論
Ⅱ．情報資産に対する脅威と対策①
Ⅲ．情報資産に対する脅威と対策②
Ⅳ．コンピュータの一般知識
問題数　　180問
制限時間　120分

==《注意事項》==

1. 合図があるまで、問題用紙を開かないで下さい。
2. 試験委員の指示をよく聞いて下さい。
3. 受験票、筆記用具以外のものは、机の上に出さないで下さい。
4. 解答用紙はマークシートです。下記の記入にあたっての注意をよくお読み下さい。

マークシートの記入にあたっての注意

- **HBまたはBの黒の鉛筆、シャープペンシルを使用して下さい。**
- **用紙の折り曲げは厳禁です。**
- **訂正の場合は消しゴムできれいに消し、消しクズなどが残らないようにして下さい。**
- **枠内からはみ出さないようにして下さい。**
- **氏名・会場名等、必要事項をご記入下さい。**
- **受験番号につきましては、番号を記入しマーク欄も必ずマークして下さい。**
- **受験番号欄でのマークミスは採点対象外（失格）となりますので特にご注意下さい。**

※記入例　受験番号：1130306985の場合

Ⅰ．情報セキュリティ総論

問1．以下の文章は、情報セキュリティに関するさまざまな知識を述べたものです。正しいものは〇、誤っているものは×としなさい。

1. 情報セキュリティの要素の一つである「真正性」の具体例として、ユーザとその動作が一意に特定でき、過去にさかのぼっても追跡できるように、情報システムのアクセスログを取得することなどが挙げられる。

2. OECDプライバシー・ガイドラインの8原則において、「データ内容の原則」では、収集するデータは、利用目的に沿ったもので、かつ正確・完全・最新であるべきであるとしている。

3. 情報セキュリティポリシーの一般的な策定の手順として、まず、組織と体制の整備を行う。続いて、情報セキュリティ基本方針を策定し、リスク分析を行い、その結果をふまえて情報セキュリティ対策基準を策定する。その後、情報セキュリティポリシーを決定し、さらに、対策の実施手順を策定する。

4. 情報セキュリティポリシーの構成要素の一つである情報セキュリティ対策基準とは、情報セキュリティ基本方針に定められた情報セキュリティを確保するために、遵守すべき行為及び判断などの基準のことであり、いわゆる管理策のことである。情報セキュリティ対策基準には、情報セキュリティ基本方針を実現するために、何を行わなければならないかを記載する。

5. JIS Q 27002:2014の「内部組織」において、認可されていない状態または検知されない状態で、一人で資産に対してアクセス、修正または使用ができないように注意することが望ましいとしている。また、ある作業を始めることと、その作業を認可することとを分離することが望ましく、管理策の設計においては、共謀のおそれを考慮することが望ましいとしている。

6. 情報セキュリティ監査は、情報セキュリティ対策が適切かどうかを監査人が保証することを目的とする「保証型の監査」と、情報セキュリティ対策の改善のために監査人が助言を行うことを目的とする「助言型の監査」に大別できる。

7. MICTS（GMITS）において示されているリスク分析手法の一つである組合せアプローチは、非形式的アプローチとギャップ分析を組み合わせて行う手法であり、それぞれの手法のメリットを得ることができる。

8. TRUSTeとは、ITシステムの導入などがプライバシーに対して及ぼす影響を事前に評価し、その保護のための措置を講じる仕組みのことである。具体的な実施方法として、個人情報の収集目的・収集方法・利用方法・管理方法などを検討し、そのシステムがプライバシーに配慮した設計となっているかを確認するなどの方法がとられている。

9. 投機的リスクとは、投資や起業などに関わるリスクが対象となり、損失を被る可能性がある反面、利益をもたらす可能性がある、損失と利得の両面をもつリスクである。また、純粋リスクとは、災害や盗難、詐欺などのようにマイナスの影響のみのリスクである。これらのうち、情報セキュリティにおいて管理することとなるのは、純粋リスクである。

10. リスク対応の一つであるリスクファイナンスの事例として、リスクの管理策にコストがかかり過ぎて利益が見込めない事業を撤退することや、地震保険や個人情報漏えい保険に加入することなどが挙げられる。

11. 「不正アクセス行為の禁止等に関する法律」（不正アクセス禁止法）は、不正アクセス行為等の禁止・処罰という行為者に対する規制と、不正アクセス行為を受ける立場にあるアクセス管理者に防御措置を求め、アクセス管理者がその防御措置を的確に講じられるよう行政が援助するという防御側の対策との2つの側面から、不正アクセス行為等の防止を図ろうとするものである。

12. SNS上で、自身に関する名誉毀損やプライバシー侵害などに相当する情報が、第三者によって投稿され、個人の権利を不当に侵害されている場合は、「特定電気通信役務提供者の損害賠償責任の制限及び発信者情報の開示に関する法律」（プロバイダ責任制限法）にもとづき、プロバイダやサーバの管理・運営者などに対して、その情報の削除を求めることができる。

13. 利用者の同意を得ずに広告、宣伝または勧誘等を目的とした電子メールを送信したり、送信者情報を偽った送信や架空電子メールアドレスによる送信を行った場合は、「高度情報通信ネットワーク社会形成基本法」（IT基本法）において、処罰の対象となる。

14. 「電子署名及び認証業務に関する法律」（電子署名法）は、一定の条件を満たす電子署名が手書き署名や押印と同等に通用することや、電子署名を行った者を証明する認証業務のうち、一定の水準を満たす特定認証業務について、信頼性の判断目安として認定を与える制度などを規定している法律である。

15. 技術やノウハウ等の情報が「営業秘密」として「不正競争防止法」で保護されるためには、秘密管理性・新規性・非公知性の3つの要件をすべて充たす必要がある。また、不正の手段によって「営業秘密」を取得して使用、もしくは第三者に提供するなどの行為は、「不正競争行為」として、処罰の対象となる。

16. 雑誌に掲載されていた写真をスキャナで読み取り、それを無断でWebページにそのまま掲載した場合は、著作権侵害となる。なお、その写真をトリミングして加工した後にWebページに掲載すれば、著作権侵害とはならない。

17. 「著作権法」における「共同著作物」とは、2人以上の人が共同して作った著作物で、各人の著作した部分を分離して利用できないもののことであり、複数の著作者による「共同創作性」と著作物の「不可分利用性」が要件となる。

18. 「個人情報の保護に関する法律」（個人情報保護法）における「プライバシー情報」とは、本人の人種、信条、社会的身分、病歴、犯罪の経歴、犯罪により害を被った事実などの、本人に対する不当な差別、偏見その他の不利益が生じないようにその取扱いに特に配慮を要するものとして、政令で定める記述等が含まれる個人情報のことである。

19. 「行政手続における特定の個人を識別するための番号の利用等に関する法律」（マイナンバー法、番号法、番号利用法）において、特定個人情報の提供については、「個人情報保護法」における個人情報の提供の場合よりも限定的に定められている。

20. 経済産業省の「情報セキュリティ監査基準」において、情報セキュリティ監査は、情報セキュリティに係るリスクのマネジメントまたはコントロールを対象として行われるものであるため、具体的に設定される監査の目的と監査の対象は、監査人の判断によって決定しなければならないと示している。

問2．以下のA～Dについて答えなさい。

A．以下の文章を読み、（　）内のそれぞれに入る最も適切な語句の組合せを、各選択肢（ア～エ）から1つ選びなさい。

1. JIS Q 31000：2010において、「リスク」を、目的に対する不確かさの（　a　）と定義している。また、リスクは、ある事象（周辺状況の変化を含む）の結果とその発生の（　b　）との組合せとして表現されることが多いとしている。
   なお、ここでの「（a）」とは、期待されていることから、好ましい方向に乖離、または好ましくない方向に乖離することをいう。そして、「不確かさ」とは、事象、その結果またはその（b）に関する、情報、理解もしくは知識が、（　c　）状態をいう。

   ア：（a）結果　　　（b）起こりやすさ　　（c）一定の水準を充たしている
   イ：（a）結果　　　（b）起こりにくさ　　（c）たとえ部分的にでも欠落している
   ウ：（a）影響　　　（b）起こりやすさ　　（c）たとえ部分的にでも欠落している
   エ：（a）影響　　　（b）起こりにくさ　　（c）一定の水準を充たしている

2. JIS Q 0073：2010において、リスク対応の一つである「リスク共有」を、他者との間で、合意に基づいてリスクを（　a　）することを含むリスク対応の形態と定義している。なお、「リスク共有」は、（　b　）ことがあり、「（　c　）」は、「リスク共有」の一つの形態であるとしている。また、リスク（a）の度合いは、共有に関する取決めの信頼性及び明りょう性によって決まることがあるとしている。

   ア：（a）分散　　（b）外部環境によって影響を受ける　　　　　　　　（c）リスク選好
   イ：（a）分散　　（b）保険または他の契約形態によって実行される　　（c）リスク移転
   ウ：（a）集約　　（b）外部環境によって影響を受ける　　　　　　　　（c）リスク移転
   エ：（a）集約　　（b）保険または他の契約形態によって実行される　　（c）リスク選好

3. 「（　a　）法」において保護の対象となる「（a）」とは、物品の形状、模様もしくは色彩またはこれらの結合であって、視覚を通じて美感を起こさせるものであるため、物品の外観に現れないような構造的機能は、保護の対象とならない。また、「（　b　）法」において保護の対象となる「（b）」とは、人の知覚によって認識することができるもののうち、文字、図形、記号、立体的形状もしくは色彩またはこれらの結合、音その他政令で定めるものであって、業として商品を生産し、証明しもしくは譲渡する者がその商品について使用するもの、または業としてサービスを提供しもしくは証明する者がそのサービスについて使用するものである。なお、平成26年5月の改正により、保護の対象として、動き、（　c　）、音、位置なども認められるようになった。

   ア：（a）実用新案　（b）意匠　　　　（c）ホログラム
   イ：（a）商標　　　（b）実用新案　　（c）空間
   ウ：（a）意匠　　　（b）実用新案　　（c）空間
   エ：（a）意匠　　　（b）商標　　　　（c）ホログラム

4．「個人情報保護法」において、個人情報取扱事業者は、あらかじめ本人の（ a ）を得ないで、特定された利用目的の達成に必要な範囲を超えて、個人情報を取り扱ってはならないと規定している。また、個人情報保護委員会の「個人情報の保護に関する法律についてのガイドライン（通則編）」において、「本人の（a）を得る」とは、（ b ）を当該個人情報取扱事業者が認識することをいい、事業の性質及び個人情報の取扱状況に応じ、本人が（a）に係る判断を行うために必要と考えられる（ c ）な方法によらなければならないと示している。なお、個人情報の取扱いに関して（a）したことによって生ずる結果について、未成年者、成年被後見人、被保佐人及び被補助人が判断できる能力を有していないなどの場合は、親権者や法定代理人等から（a）を得る必要があるとしている。

　　ア：（a）同意　　　（b）本人の承諾する旨の意思表示　　（c）合理的かつ適切
　　イ：（a）同意　　　（b）本人へ伝達が済んでいること　　（c）一般的かつ効率的
　　ウ：（a）理解　　　（b）本人の承諾する旨の意思表示　　（c）一般的かつ効率的
　　エ：（a）理解　　　（b）本人へ伝達が済んでいること　　（c）合理的かつ適切

5．経済産業省の「企業における情報セキュリティ（ a ）のあり方に関する研究会　報告書」において、「情報セキュリティ（a）」を、社会的責任にも配慮したコーポレート（a）と、それを支えるメカニズムである（ b ）の仕組みを、情報セキュリティの観点から企業内に構築・運用することと定義している。なお、「（b）」とは、企業経営者の経営戦略や事業目的などを組織として機能させ、達成していくための仕組みである。また、「（b）」は、業務の効率性及び有効性、（ c ）、法令等の遵守、資産の保全の4つを目的として構築される。

　　ア：（a）マネジメントシステム　　（b）内部統制　　　　（c）経営の安定化
　　イ：（a）マネジメントシステム　　（b）インスペクション　（c）財務報告の信頼性
　　ウ：（a）ガバナンス　　　　　　　（b）内部統制　　　　（c）財務報告の信頼性
　　エ：（a）ガバナンス　　　　　　　（b）インスペクション　（c）経営の安定化

B．以下の文章は、情報セキュリティに関する事柄についての説明です。文中の（　）に当てはまる最も適切なものを、各選択肢（ア～エ）から1つ選びなさい。

6．リスクアセスメントにおける「（ア：リスク特定　イ：リスク分析　ウ：リスク評価　エ：リスク報告）」とは、リスクの特質を理解し、リスクレベルを決定するプロセスである。

7．リスクを定量化する手法の一つである（ア：ALE　イ：FTA　ウ：JRAM　エ：LOPA）とは、リスクの顕在化の確率とリスクが顕在化した場合の予想損失額を見積もり、その乗算から年間予想損失額を算出する手法である。

8．「（ア：割賦販売法　イ：私的独占の禁止及び公正取引の確保に関する法律　ウ：特定商取引に関する法律　エ：不当景品類及び不当表示防止法）」は、事業者による違法・悪質な勧誘行為などを防止し、消費者の利益を守ることを目的とする法律である。具体的には、訪問販売や通信販売などの消費者トラブルを生じやすい取引類型を対象に、事業者が守るべきルールと、クーリング・オフなどの消費者を守るルールなどを規定している。

9．「個人情報保護法」の第16条で規定されている、利用目的の達成に必要な範囲を超えて取り扱ってはならないという個人情報取扱事業者の義務は、OECDプライバシー・ガイドラインの8原則の「（ア：安全保護　イ：責任　ウ：目的明確化　エ：利用制限）の原則」と対応している。

10. 「個人情報保護法」における「匿名加工情報」とは、個人情報に含まれる記述等の一部または個人識別符号の全部を削除するなどの措置を講じて、特定の個人を識別することができないように個人情報を加工して得られる個人に関する情報であって、その個人情報を（ア：活用　イ：復元　ウ：編集　エ：提供）することができないようにしたものをいう。

C．以下の文章を読み、（　）に入る最も適切なものを、それぞれ下の選択肢（ア～エ）から1つ選びなさい。

11. JIS Q 27000:2014において、「信頼性」を、（　）と定義している。

　　ア：認可されたエンティティが要求したときに、アクセス及び使用が可能である特性
　　イ：エンティティは、それが主張するとおりのものであるという特性
　　ウ：意図する行動と結果とが一貫しているという特性
　　エ：意図した結果を達成するために、知識及び技能を適用する能力

12. リスク対応における「リスクの低減」の具体例の一つとして、（　）ことが挙げられる。

　　ア：リスクが発生したときのために、組織内で準備金などを積み立てておく
　　イ：情報漏えいに備え、重要なデータは暗号化して保管しておく
　　ウ：社内では十分なセキュリティ対策が行えないため、メールマガジン配信サービスの運用を他社に委託する
　　エ：水害などの被害が頻繁にある場合、データセンターを安全な場所へ移転する

13. 「著作権法」において、（　）は著作物ではあるが、著作権はない。

　　ア：ゲームソフトの映像部分などの、録画されている動く影像
　　イ：Web上に公開されている論文や書評
　　ウ：学術的な図面、図表、模型など
　　エ：裁判所の判決、決定、命令など

14. 「特許法」において、保護の対象となる（　）は、保護の対象とはならない。

　　ア：「考案」とは、自然法則を利用した技術的思想の創作のうち高度のものであるため、ゲームルールや商売方法のような自然法則の利用がないもの
　　イ：「考案」とは、自然法則を利用した技術的思想の創作であって、物品の形状、構造または組合せに係るものであるため、計算方法・暗号など自然法則の利用がないもの
　　ウ：「発明」とは、自然法則を利用した技術的思想の創作のうち高度のものであるため、金融保険制度・課税方法などの人為的な取決め
　　エ：「発明」とは、自然法則を利用した技術的思想の創作であって、物品の形状、構造または組合せに係るものであるため、材料や方法に係るもの

15. 「個人情報保護法」における「個人情報データベース等」とは、特定の個人情報をコンピュータを用いて検索することができるように体系的に構成した、個人情報を含む情報の集合物である。ただし、（　　）は、「個人情報データベース等」には該当しない。

   ア：電子メールソフトに保管されているメールアドレス帳（メールアドレスと氏名を組み合わせた情報を入力している場合）
   イ：従業者が、名刺の情報を業務用パソコンの表計算ソフト等を用いて入力・整理したファイル
   ウ：市販の電話帳、住宅地図、カーナビゲーションシステム
   エ：人材派遣会社が登録カードを、氏名の五十音順に整理し、五十音順のインデックスを付したファイル

D．次の問いに対応するものを、各選択肢（ア～エ）から1つ選びなさい。

16. OECDプライバシー・ガイドラインの8原則において、「個人参加の原則」では、個人は次の権利を有するべきであるとしている。ここでの「次の権利」に関する記述のうち、誤っているものはどれか。

   ア：データ管理者が自己に関するデータを有しているか否かについて、データ管理者またはその他の者から確認を得ること
   イ：自己に関するデータについて、合理的な期間内に、あらかじめデータ管理者が定めた費用で、データ管理者にとって効率的な方法で、かつ、自己に分かりやすい形で、自己に知らしめられること
   ウ：自己に関するデータの確認を得ること、及び自己に知らしめられることの要求が拒否された場合には、その理由が与えられること、及びそのような拒否に対して異議を申し立てることができること
   エ：自己に関するデータに対して異議を申し立てること、及びその異議が認められた場合には、そのデータを消去、修正、完全化、補正させること

17. 情報セキュリティマネジメントシステム（ISMS）を推進していく手法であるPDCAサイクルに関する記述のうち、誤っているものはどれか。

   ア：Planプロセスでは、組織の全般的方針及び目的に従った結果を出すための、ISMS基本方針、目的、プロセスと手順の確立を行う。具体的には、情報セキュリティポリシーの策定や情報資産の洗い出しなどを行う。
   イ：Doプロセスでは、ISMSを導入してその運用を行う。具体的には、リスクアセスメント及びリスク対応計画の実施、情報セキュリティ教育・訓練の実施、ISMSの経営資源の管理、セキュリティ上の問題として捉えられる事象への対応などを行う。
   ウ：Checkプロセスでは、ISMSを点検・監視してレビューを行う。具体的には、定期的に管理策の有効性の測定や内部監査を行い、その結果のレビューのための経営陣への報告などを行う。
   エ：Actプロセスでは、ISMSの維持・改善を行う。具体的には、点検の結果や関連情報にもとづいた、重要な不適合部分の是正処置や予防処置、改善策の実施などを行う。

18. 情報セキュリティの関連法規に関する記述のうち、誤っているものはどれか。

    ア：正当な目的がないのに、その使用者の意図とは無関係に勝手に実行されるようにする目的で、コンピュータウイルスやコンピュータウイルスのソースコードを取得、保管する行為は、「刑法」における不正指令電磁的記録取得・保管の罪として、処罰の対象となる。
    イ：いわゆる「フィッシングサイト」を公開する行為や、電子メールにより識別符号を詐取しようとするなどの、利用権者に対し識別符号を不正に要求する行為は、「不正アクセス禁止法」における不正アクセス行為として、処罰の対象となる。
    ウ：コンピュータシステムの全部または一部の破壊、データの消去及び改ざん、プログラムの不正な作成などによって、人の業務を妨害する行為は、「刑法」における電磁的記録不正作出・供用の罪として、処罰の対象となる。
    エ：有料放送の契約者以外の視聴を制限するアクセスコントロールを無効化し、無料で視聴できるようにするための装置を譲渡する行為は、「不正競争防止法」における技術的手段を無効化する装置等の提供行為として、民事措置や刑事罰の対象となる。

19. 経済産業省の「情報セキュリティ管理基準」における「情報セキュリティのための方針群」に関する記述のうち、誤っているものはどれか。

    ア：情報セキュリティ方針は、事業戦略によって生じる要求事項、規制、法令及び契約によって生じる要求事項を取り扱う。なお、予想される情報セキュリティの脅威環境によって生じる要求事項については、情報セキュリティ方針の対象とはならない。
    イ：情報セキュリティ方針には、情報セキュリティマネジメントに関する一般的な責任及び特定の責任の、定められた役割への割当てに関する記載を含め、逸脱及び例外を取り扱うプロセスに関する記載も含める。
    ウ：情報セキュリティのための方針群は、あらかじめ定めた間隔で、または重大な変化が発生した場合に、それが引き続き適切、妥当かつ有効であることを確実にするためにレビューする。なお、各々の情報セキュリティのための方針には、その方針の作成、レビュー及び評価についての管理責任を与えられた責任者を置く。
    エ：情報セキュリティのための方針群のレビューには、組織環境、業務環境、法的状況または技術環境の変化に応じた、組織の情報セキュリティのための方針群及び情報セキュリティの管理への取組みに関する、改善の機会の評価を含める。

20. 個人情報保護委員会の「特定個人情報の適正な取扱いに関するガイドライン（事業者編）」において、全ての事業者は、個人番号の提供の求めの制限並びに特定個人情報の提供の制限及び収集等の制限の規定の適用を受けると示している。これらの規定の適用を受ける主な事務として、該当しないものはどれか。

    ア：事業者が従業員等から個人番号の提供を受けて、これを給与所得の源泉徴収票、給与支払報告書、健康保険・厚生年金保険被保険者資格取得届等の必要な書類に記載して、税務署長、市区町村長、日本年金機構等に提出する事務
    イ：事業者が従業員等から個人番号の提供を受けて、これを入社・退社手続、給与決定・支払、勤怠管理、福利厚生、人事考課等に用いる、雇用管理に係る事務
    ウ：金融機関が顧客から個人番号の提供を受けて、これを配当等の支払調書に記載して税務署長に提出する事務
    エ：激甚災害が発生したとき等において、金融機関が個人番号を利用して金銭を支払う事務

Ⅱ. 情報資産に対する脅威と対策①

問1. 以下の文章は、情報セキュリティに関するさまざまな知識を述べたものです。正しいものは○、誤っているものは×としなさい。

1. プリンタ機能やFAX機能、コピー機能などが搭載されている複合機については、不正使用や情報の漏えいを防ぐため、人目につかない離れた場所に設置し、操作した本人が複合機のパネルを操作しないと出力されないようなシステムの導入などの対策を行う。

2. 机の上に無造作に書類を置いておくと、その内容を読み取られ、情報が漏えいする場合もある。そのため、離席時にはクリアデスクの原則に従い、重要度が高い書類を使用していた場合は、それを裏返して他の書類と重ねて机の上に揃えておき、内容を読み取られないようにする。

3. 重要度が高い紙媒体や記録媒体は、耐火金庫や鍵付きキャビネットなどで保管する。また、それらを設置してある部屋については、入室できる者を制限する。

4. パソコンや周辺機器などにセキュリティワイヤーを装着する主な目的は、通信ノイズの低減や通信障害の抑制である。なお、製品によっては、使用していないポートを塞いで、ケーブルの不正な接続などを防止することができるものもある。

5. IPAの「組織における内部不正防止ガイドライン」の「個人の情報機器及び記録媒体の業務利用及び持込の制限」において、個人のノートPCやスマートデバイス等のモバイル機器及び携帯可能なUSBメモリ等の外部記録媒体の業務利用及び持込みを適切に制限しなければならないと示している。その具体例として、スマートデバイス等のモバイル機器や携帯可能なUSBメモリ等の外部記録媒体の利用を制限するソフトウェアを導入することで、個人の情報機器及び記録媒体による情報漏えいの対策を講じることが挙げられている。

6. 業務で使用しているスマートフォンの紛失及び盗難に備え、SIMカードが不正に利用されないようにするため、PINコードによるロックを行う。また、重要なデータは本体には保存せず、本体に常時セットされているmicro SDカードに保存しておくようにする。

7. 入退管理に用いるIDカードの偽造防止策として、カードに本人の顔写真や社印などを印刷することが望ましい。さらに、不正使用への対策として、警備員を配置して保持者の顔とIDカードを照合し、本人確認を行う。

8. 派遣先（自社）と派遣社員は雇用関係にないため、自社と派遣元とで守秘義務契約を締結し、さらに派遣社員の従事する場所を制限して、重要な情報を自由に参照できないようにする。

9. IPAの「中小企業における組織的なセキュリティ対策ガイドライン」の「情報セキュリティに対する組織的な取り組み」において、従業者（派遣を含む）に対し、セキュリティに関して就業上何をしなければいけないかを明示すると示している。その具体例として、在職中の機密保持義務を明確化するため、プロジェクトへの参加時など、具体的に企業機密に接する際は、退職日まで有効とする機密保持義務を含む誓約書を取ることが挙げられている。

10. 個人情報保護委員会の「個人情報の保護に関する法律についてのガイドライン（通則編）」の「委託先の監督」において、委託契約には、当該個人データの取扱いに関する、必要かつ適切な安全管理措置として、委託元、委託先双方が同意した内容とともに、委託先における委託された個人データの取扱い状況を委託元が合理的に把握することを盛り込むことが望ましいと示している。

11. マイナンバー管理区域や重要度の高い書類・資料などの保管室の施錠管理として、入口の扉は常時施錠しておき、必要時のみ解錠する。

12. サーバ室内には作業に必要のないものを置いてはならず、置いてあった場合は速やかに撤去すべきである。

13. サーバ室内で長時間作業を行う場合は1人では実施せず、必ず同伴者を伴わせるようにする。また、室内に設置する機器・設備の重要度に応じて、防犯カメラ、侵入報知機などの防犯設備の設置を検討する。

14. 情報セキュリティの対象として考慮すべき機器には、サーバラックやネットワーク関連機器、侵入検知システム、データバックアップ装置、電源装置などさまざまなものがある。これらのうち、ネットワーク関連機器や情報セキュリティ上重要な機器類については、設定などの情報を緊急対応のときに不便をきたさないよう、できるだけ多くの社員が閲覧できるように明示しておく。

15. 落雷などの自然災害や電力インフラでの事故、大規模な点検・工事などに伴う電源切替えがあった際の電力供給への影響として、停電や瞬電（瞬断・瞬停）が発生する場合がある。なお、瞬電であっても、電子機器などへの影響が生じる可能性がある。

16. 大規模災害発生時など、トラフィックが集中してネットワーク機能が低下する輻輳に一時的に陥るケースがある。輻輳への対策として、回線を一本化して集中管理することにより、通信の安定化を図るようにする。

17. バックアップシステムの運用方式の一つであるウォームサイトとは、一般的に、情報処理施設として必要最低限のインフラ設備やシステムに関わるリソースが用意されていて、主要なシステムの稼働に必要なハードウェアとソフトウェアの一式をあらかじめ保管している形態である。

18. 自然災害や電力障害などに備え、フォールトトレランスを十分に検討する必要がある。フォールトトレランスの具体例として、電源装置の二重化や、停電時に発電機を起動して電力供給を行うことなどが挙げられる。

19. UPSは、無停電電源装置とも呼ばれ、これを設置することにより、停電が発生した際には、機器を安全にシャットダウンすることや、通信の切断を防ぐことなどができるようになる。

20. セカンダリサイトとは、災害などで主要な業務の続行が困難になった際に、代替拠点として使用する設備や施設のことである。大規模な自然災害を想定し、セカンダリサイトを近隣の施設に構築したり、従来のオンプレミスからデータセンターへの移行などによる、災害発生時の対策を行うケースが多くなっている。

問2．以下のA～Dについて答えなさい。

A．以下の文章を読み、（　）内のそれぞれに入る最も適切な語句の組合せを、各選択肢（ア～エ）から１つ選びなさい。

1．脅威の分類とその例を、以下の表に示す。

分類	例		
（ a ）脅威	通信への侵入、ユーザIDの偽り		資源の誤用、ユーザのエラー空調故障
（ b ）脅威	送信エラー、ハードウェアの故障	電力の不安定	
（ c ）脅威	記録媒体の劣化、静電気		

　ア：（a）人的・偶発的　　（b）環境的　　　　（c）人的・意図的
　イ：（a）人的・偶発的　　（b）人的・意図的　（c）環境的
　ウ：（a）人的・意図的　　（b）環境的　　　　（c）人的・偶発的
　エ：（a）人的・意図的　　（b）人的・偶発的　（c）環境的

2．入退管理を行う際、入室を許可されている人の後ろについて不正に入室してしまう（　a　）や、すれ違いによる侵入などの脅威が存在する。不正行為をする者は、侵入することが最終目的ではなく、（a）などによって不正侵入に成功した後に、オフィス内でののぞき見・盗み聞き、持出しにより情報を不正に入手することなどを目的とする場合もある。
　（a）への対策の一つとして、サークルゲートや（　b　）などのセキュリティゲートの設置が挙げられる。これによって、一度に一人ずつしか入室を行えないようにして、不正な入室を阻止することができる。また、出入り口に（　c　）を設置することで、不正侵入者をリアルタイムにチェックすることが可能となる。

　ア：（a）テイリング　（b）スライディングゲート　（c）オーバースライダー
　イ：（a）テイリング　（b）スイングゲート　　　　（c）監視カメラ
　ウ：（a）ペアリング　（b）スライディングゲート　（c）監視カメラ
　エ：（a）ペアリング　（b）スイングゲート　　　　（c）オーバースライダー

3．情報セキュリティ対策を講じるにあたり、従業員に対する情報セキュリティに関する教育を行う。情報セキュリティ教育は、（　a　）に、（　b　）行う必要がある。（a）な情報セキュリティ教育の実施は、情報セキュリティポリシーを周知徹底することや、情報セキュリティの脅威と対策を理解させることだけではなく、コンプライアンスの観点からも重要となる。なお、情報セキュリティ教育の実施後は、必要な力量が持てたかどうかを確認するために、確認テストなどを実施する。また、理解度や情報セキュリティポリシーの遵守状況が悪い場合は、（　c　）を行うようにする。

　ア：（a）継続的　（b）外部環境が変化した際に希望者を募り　（c）直ちに懲戒処分
　イ：（a）継続的　（b）かつ担当者が必要と判断した場合には随時　（c）フォローアップ教育
　ウ：（a）集中的　（b）外部環境が変化した際に希望者を募り　（c）フォローアップ教育
　エ：（a）集中的　（b）かつ担当者が必要と判断した場合には随時　（c）直ちに懲戒処分

4. ノートパソコンなどのモバイル機器を外部に持ち出す際には、紛失や盗難の可能性があり、その場合は情報漏えいが発生してしまう。その対策として、ハードディスクに暗号化を施したり、（ a ）の認証を行うなどにより、物理的もしくは論理的に内部情報を読み取られる可能性を減らすようにする。つまり、（ b ）を高めることが必要となる。また、ユーザIDやパスワードを入力している様子を盗み見する（ c ）に対しては、ディスプレイに偏光フィルタを用いるといった対策も必要となる。

ア：（a）アクティベーションキーの入力によりソフトウェアの使用権
　　（b）インターオペラビリティ　　　　　　（c）ショルダーハック
イ：（a）アクティベーションキーの入力によりソフトウェアの使用権
　　（b）耐タンパ性　　　　　　　　　　　　（c）スマーフアタック
ウ：（a）パスワードの入力により本人性
　　（b）インターオペラビリティ　　　　　　（c）スマーフアタック
エ：（a）パスワードの入力により本人性
　　（b）耐タンパ性　　　　　　　　　　　　（c）ショルダーハック

5. 経済産業省の「情報セキュリティ管理基準」の「情報セキュリティ継続」において、組織は、困難な状況（例えば、危機または災害）における、情報セキュリティ及び情報セキュリティマネジメントの継続のための要求事項を決定すると示している。また、組織は、情報セキュリティの継続が「（ a ）マネジメント」（BCM）プロセスまたは「（ b ）管理」（DRM）プロセスに織り込まれているか否かを判断し、（a）及び（b）に関する計画を立てる場合に、情報セキュリティ要求事項を定めるとしている。さらに（a）及び（b）に関する正式な計画が策定されていない場合において、情報セキュリティ要求事項が変わらず存続すると定められない場合には、情報セキュリティの側面について「事業影響度分析」〔（ c ）〕を実施し、通常の業務状況とは異なる困難な状況に適用できる情報セキュリティ要求事項を定めるとしている。

ア：（a）事業継続　　（b）災害復旧　　（c）BIA
イ：（a）事業継続　　（b）緊急時対応　　（c）CBA
ウ：（a）災害対策　　（b）災害復旧　　（c）CBA
エ：（a）災害対策　　（b）緊急時対応　　（c）BIA

B．以下の文章は、情報セキュリティに関する事柄についての説明です。文中の（　）に当てはまる最も適切なものを、各選択肢（ア～エ）から1つ選びなさい。

6. （ア：スクランブリング　イ：スキャベンジング　ウ：データマイニング　エ：バッファリング）とは、ごみ箱をあさるなどして、廃棄されている書類やメモから情報を収集する手法を指すが、ハードディスクやメモリなどに残っている情報を探し出して入手する手法などを指す場合もある。

7. 入退管理システムにおいて、バイオメトリクス認証方式で認証情報として用いられる（ア：指紋　イ：虹彩　ウ：掌形　エ：筆跡）は、経年変化がなく、同一人物でも左右で異なるため、認証精度が高い。非接触方式であるが、システムによっては、認証時には読取り装置の位置や角度を調整する必要があるものもある。

8. （ア：COBIT　イ：ITIL　ウ：NDA　エ：RFP）とは、知り得た重要な情報を第三者に漏えいさせないことなどを約束させる目的で取り交わされるものであり、守秘義務契約や非開示契約などとも呼ばれる。

9. 自然災害の脅威の一つである（ア：雷サージ　イ：雷放電現象　ウ：渦雷　エ：界雷）とは、雷によって発生し、電源線などに短時間で一時的に加わる過電圧や過電流であり、これが通信ケーブルなどを伝って屋内に侵入し、パソコンや通信機器などを損傷させる場合もある。

10. 情報システムにおける（ア：フォールトアボイダンス　イ：フォールトマスキング　ウ：フェールセーフ　エ：フェールソフト）とは、機器が故障しても一部の機能を減らして運転を続ける技術、または考え方である。

C．以下の文章を読み、（　）に入る最も適切なものを、それぞれ下の選択肢（ア～エ）から１つ選びなさい。

11. 物理的分離とは、セキュリティレベルごとに部屋やフロアを分ける対策のことであり、その一例として、（　　）ことが挙げられる。

    ア：来客用応接室と社員用の打合せ室を隣接させ、その境界には自動開閉式のガラスの扉を設置する
    イ：執務室とシステム開発室を隣接させ、その境界には自動開閉式のガラスの扉を設置する
    ウ：執務室と社員用の打合せ室を隣接させない
    エ：来客用応接室とサーバ室を隣接させない

12. ソーシャルエンジニアリングとは、（　　）が挙げられる。

    ア：不正侵入をすることであり、その手口の一つとして、物理的な防犯意識の低いオフィスをターゲットとして、ピッキングにより侵入すること
    イ：軽い気持ちで不正行為をすることであり、例えば、オフィスの備品を無断で持ち出したり、業務用のソフトウェアを個人所有のパソコンにコピーすることなど
    ウ：不正行為を持ちかけ、ターゲットの従業者を取り込むことにより、情報の不正取得や改ざんなどによって、ターゲットの企業活動の妨害を目的とした行為
    エ：話術や盗み聞き・盗み見などを利用し、人間の心理や行動の隙をつくことによって、情報を不正に取得する手法の総称であり、その一つとして、本人を装って電話でパスワードを聞き出すなりすまし

13. 入退管理システムにバイオメトリクス認証方式を導入する際、読取り装置で読み取ったデータと、あらかじめ保管されている生体情報である保管データとの類似度に基づく判定値の設定に留意する。この判定値を閾値（しきい値）といい、安全性を重視した認証にする場合は、（　　）なるように閾値を設定する。

    ア：本人拒否率が高く、他人受入率が低く
    イ：本人拒否率が低く、他人受入率が高く
    ウ：本人拒否率と他人受入率の双方が低く
    エ：本人拒否率と他人受入率の双方が高く

14. 通信ケーブル及び電源ケーブルについては、（　　）し、ケーブルを保護するための電磁遮蔽を利用する。

    ア：誤配線や断線などが発生しないようにするため、同じフロアに配線するケーブルは結束
    イ：通信エラーが発生しないようにするため、アクティブターミネータを多用
    ウ：ケーブル間の干渉を防止するため、通信ケーブルは電源ケーブルから隔離して配線
    エ：配線が複雑にならないようにするため、分電盤や電源はできる限り共用

15. 大規模な自然災害を想定し、BCMは、（　　　）として取り組むことが望ましい。

　　ア：現場の担当者が主体となり計画を策定し、経営者の関与は最小限とした全社的な戦略的活動

　　イ：緊急時だけではなく、平常時からの経営レベルの戦略的活動

　　ウ：低コストで、期間を限定した集中的な戦略的活動

　　エ：平常時における活動は不要であり、緊急時に発動する対応策

D．次の問いに対応するものを、各選択肢（ア～エ）から1つ選びなさい。

16. 紙媒体の利用などにおける脅威の対策に関する記述のうち、誤っているものはどれか。

　　ア：不要になった紙媒体を廃棄する際、ペーパーシュレッダーを利用して処分する場合は、ヌードルカット方式で裁断すると復元されやすく、情報漏えいの危険性が高まる。そのため、ダブルカット方式やパーティクルカット方式などで裁断し、復元されにくくする。

　　イ：書類については、分類基準（重要度や機密度）に応じて、保管・管理方法を決定する。その際、書類の管理番号・ID、分類基準、作成日、保管期間、管理主管部署などの情報をラベリングして管理する。なお、使用頻度が低く分類基準が高い書類と、使用頻度が高く分類基準が低い書類を管理する場合は、管理主管部署が同一であれば、これらを分離せずに保管する。

　　ウ：経費節減などの目的で、ミスプリントや不要になった書類を「裏紙」として再利用した場合は、情報漏えいの危険性だけではなく、複合機の紙詰まりや故障の原因にもなることがある。そのため、紙媒体の再利用は安易に行わず、再利用に関するルールを策定しておく。

　　エ：情報漏えいを防ぐため、重要度が高い書類には、電子透かしや地紋印刷などの機能を利用して、コピーすると原本と複写した用紙の判別ができるようにしたり、スキャンした用紙に色がつき文字が読めないようにすることなどで、不正な複写やスキャンを防止する。

17. 重要度が高い情報が含まれる媒体を輸送する際の対策に関する記述のうち、誤っているものはどれか。

　　ア：自社の社員が移送する場合は、ダイヤルロックなどの施錠ができるケースを利用し、盗難や紛失を防ぐため、移送の間はケースを手元から離さないようにする。また、書類などは不透明の封筒に入れ、封緘や目隠しシールなどの貼り付けを行う。

　　イ：郵送の場合は、媒体の不達や紛失・盗難などを防ぐため、送達過程が記録され実損額が賠償される内容証明サービスを利用する。

　　ウ：運送業者を利用する場合は、媒体の不達や紛失・盗難などを防ぐため、位置情報を確認できる追跡サービスや、専用のセキュリティボックスなどを利用する。

　　エ：運送業者を利用する場合は、受渡しを確実にするため、発送の際は、発送日・到着予定日・内容物の概要・受取人・業者名などを台帳へ記録し、発送当日に発送した旨を受取人へ連絡する。また、到着予定日に受取人への到着確認を行い、到着確認後に台帳へその内容を記録する。

18. 部外者への対策に関する記述のうち、適切なものはどれか。

    ア：来客者への対策として、来訪時に記入する管理簿には、来客者本人の氏名・住所・自宅電話番号だけではなく、マイナンバーや免許証番号などの身分を証明できる内容も記入させ、厳格な入退管理を行う。

    イ：管理簿の必要事項への記入が済んだ来客者に対しては、ゲストバッジを貸与し、見やすい位置につけさせる。ゲストバッジをつけている来客者は、身分が証明されていることになるため、オフィス内での自由な移動を認める。

    ウ：清掃業者などの日常的にオフィス内に立ち入る業者に対しては、出入り可能なエリアを限定し、あらかじめ情報セキュリティの遵守や秘密保持に関する規定を盛り込んだ契約を交わす。また、マスターキーを業者に貸与する場合は、その管理が適切かどうかを、定期的に確認する。

    エ：グループ会社の社員と自社内で協業する際、共有のフォルダやファイルを利用することがある。この場合、アクセス権限の管理を一元化するため、自社の社員を含め、協業する作業者に一律で同じアクセス権限を設定する。

19. 経済産業省の「情報システム安全対策基準」における「運用基準」に関する記述のうち、誤っているものはどれか。

    ア：情報システム等の運用計画は、集中、分散処理の形態に応じて策定すること。また、運用計画は、リスク評価に基づく災害、障害、故意及び過失の安全対策を盛り込むこと。

    イ：災害発生時は、災害時対応計画に沿って速やかに情報システム等の被災程度を調査及び分析すること。また、被災程度に応じて、予め定められた災害時運用マニュアルに沿い、業務再開方式を決定すること。

    ウ：データ等及び記録媒体は、集中、分散処理の形態に応じて、定められた場所に保管すること。また、記録媒体の保管設備の鍵は、多数の者が持ち回りで管理し、記録媒体の保管状況は、特定者が不定期に点検すること。

    エ：関連設備、防災設備及び防犯設備の変更、増設等に当たっては、情報システムの正常な動作に影響を与えない措置を講ずること。また、定常時及び災害、障害時の措置を定めた関連設備、防災設備及び防犯設備の取扱いマニュアルを常備すること。

20. 個人情報保護委員会の「個人データの漏えい等の事案が発生した場合等の対応について（平成29年個人情報保護委員会告示第1号）」における「漏えい等事案が発覚した場合に講ずべき措置」に関する記述のうち、誤っているものはどれか。

    ア：事業者内部における報告及び被害の拡大防止として、責任ある立場の者に直ちに報告するとともに、漏えい等事案による被害が発覚時よりも拡大しないよう必要な措置を講ずる。

    イ：漏えい等事案の事実関係の調査及び原因の究明に必要な措置を講じ、把握した事実関係による影響の範囲を特定する。また、これらの結果を踏まえ、漏えい等事案の再発防止策の検討及び実施に必要な措置を速やかに講ずる。

    ウ：影響を受ける可能性のある本人への連絡等として、漏えい等事案の内容等に応じて、二次被害の防止、類似事案の発生防止等の観点から、事実関係等について、速やかに本人へ連絡し、または本人が容易に知り得る状態に置く。

    エ：再発防止策等については、不用意に公表することにより、風評被害や二次・三次被害が発生する危険性も踏まえ、無用な混乱を避けるため、当該漏えい事案が収束し再発防止策が有効であることが確認された時点で公表する。

Ⅲ. 情報資産に対する脅威と対策②

問1. 以下の文章は、情報セキュリティに関するさまざまな知識を述べたものです。正しいものは〇、誤っているものは×としなさい。

1. 経済産業省の「コンピュータ不正アクセス対策基準」の「システム管理者基準」において、システムユーザ管理として、システムユーザの登録は、必要な機器に限定し、システムユーザの権限を必要最小限に設定することと示している。また、特権を付与する場合は、当該システムユーザの技術的能力等を考慮することとしている。

2. ワームとは、他のプログラムに寄生して、そのプログラムの動作を妨げたり、ユーザの意図に反し、有害な作用を及ぼす不正なプログラムであり、単体での存在が可能で、自己増殖機能を持つ。

3. スヌープウェアとは、主に犯罪行為をする目的で作られた不正プログラムの総称である。大半は自己増殖することがないトロイの木馬型であり、コンピュータに密かにインストールされ、個人情報を盗み出したり、オンラインバンキングの口座の乗っ取りや、金銭の詐取などを行う。

4. 暗号の安全性が危ぶまれる事態を暗号の危殆化といい、暗号を実装したソフトウェアやハードウェアに問題がある場合や、暗号を利用したシステムにおける運用上の問題が生じた場合などの局面が該当する。

5. 公開かぎ暗号方式の一つであるRSAは、エルガマル署名を改良して作られた暗号方式である。かぎ長が1,024bit以下で、署名かぎの生成などを特定の方法で運用するデジタル署名に利用される。

6. PKIとは、公開かぎ暗号方式を利用するための周辺技術や概念、公開かぎ暗号技術を応用して構築される環境などの総称であり、メッセージやデータの完全性・非否認性確保、本人認証などをする。PKIに関連したセキュアなプロトコルとして、UDPやPPPなどが挙げられる。

7. パスワードクラックに用いられる手法の一つであるブルートフォース攻撃は、総当たり攻撃とも呼ばれ、パスワードの文字列として考えられるすべての組合せを試行する攻撃である。また、パスワードを固定し、ユーザIDを変えて攻撃を試みる、リバースブルートフォース攻撃という手法もある。

8. サイトリターゲティングとは、Webサイトで実行される簡易的なプログラムを悪用した攻撃である。ぜい弱なWebサイトをターゲットとして、悪意のあるサイトから簡易的なプログラムをユーザに送り込み、Cookieを窃取して個人情報を漏えいさせたり、ファイルを破壊するなどの攻撃を行うものである。

9. あるユーザがWebサイトへのアクセスを開始してから終了するまでの一連のやりとりに対し、不正に介入する攻撃をセッションハイジャック攻撃といい、その手法として中間者攻撃やブラインドハイジャックなどがある。

10. バナーチェックとは、ネットワーク経由での不正侵入を行う際、ターゲットのコンピュータに侵入可能な弱点があるかどうかを事前に調べる手法の一つである。例えば、サーバで動作しているサービスに対してコマンドを実行し、その応答メッセージからアプリケーションの種類やバージョンなどの調査を行う。

11. システム管理者は、不正プログラム対策を円滑に行うため、ネットワークの管理体制を明確にし、緊急時の連絡体制やコンティンジェンシープランを定め、それらを周知・徹底する。

12. ハイパーコンバージドインフラストラクチャとは、企業内ネットワークにおいて、物理的な接続形態を変えずに、クライアントの仮想的なグループを設定することである。これによって、ユーザの属性ごとに、無線LANから利用できる情報資産を制限することができるようになる。

13. スモークテストとは、ネットワークシステムなどを実際に攻撃して侵入を試みることにより、コンピュータやネットワークシステムのぜい弱性を発見する手法のことである。特に、ネットワークに接続された情報システムが外部からの攻撃に対して堅牢かどうか、実際に攻撃を試しながら安全性の検証を行う。

14. サーキットゲートウェイは、トランスポートゲートウェイとも呼ばれ、OSI基本参照モデルのトランスポート層でアクセス制御を実現する方式である。この方式では、ポート番号やIPアドレスごとにルールを設け、それにもとづいて中継を行う。

15. ブラウザクラッシャーとは、閲覧者のWebブラウザに過剰な負荷をかけたり、ブラウザのセキュリティ上の弱点をついて、ブラウザやネットワークシステムを異常動作させるなどの悪質なWebページ、またはそのようなプログラムの総称である。

16. レクタングル広告とは、スパイウェアなどの不正プログラムの拡散や、不正なWebサイトへのリダイレクトなどを行う、悪質なオンライン広告のことである。

17. Wi-Fi Allianceにより規格化されているWEPは、無線LANクライアントとアクセスポイントとの接続に関する認証方式及び通信内容の暗号化方式を包含した規格であり、NISTが定めた暗号化標準のAESを採用している。

18. メールサーバにおけるフォールスポジティブとは、検知漏れのことであり、スパムメールを正規のメールとして誤って判断してしまうことである。

19. RASISとは、狭義の信頼性・可用性・保守性・保全性・安全性の5項目の頭文字をとったものであり、コンピュータシステムに関する広義の信頼性の評価指標の一つである。

20. 経済産業省の「情報セキュリティ管理基準」の「媒体の取扱い」において、組織が採用した分類体系に従って、取外し可能な媒体の管理のための手順を実施すると示している。具体的には、保管されたデータがまだ必要な間に媒体が劣化するリスクを軽減するため、読み出せなくなる前にデータを新しい媒体に移動することや、価値の高いデータは、一斉に損傷または消失するリスクをより低減するために、複数の複製を別の媒体に保管することなどが挙げられている。

問2．以下のA～Fについて答えなさい。

A．以下の文章を読み、（　）内のそれぞれに入る最も適切な語句の組合せを、各選択肢（ア～エ）から1つ選びなさい。

1．コンピュータシステム上のファイルやディレクトリなどに対し、誰にアクセスを許可するのか、あるいは誰にアクセスを禁止するのかを記述したリストを（　a　）という。（a）を使ったアクセス管理には、（　b　）方式と（　c　）方式がある。
　　（b）方式は、強制アクセスコントロールとも呼ばれ、セキュリティ管理者のみがアクセス権限を変更することができる。つまり、（b）方式では、アクセス権限を与えられるユーザやシステム管理者でも、アクセス権限を変更することができないため、高いレベルでセキュリティを確保できる。一方、（c）方式は、自由裁量的アクセスコントロールとも呼ばれ、セキュリティ管理者が、対象となる情報資源の所有者などにアクセス権限の設定を委ねる。そのため（c）方式では、設定ミスや悪意があった場合には、セキュリティの確保が難しくなる。

　　ア：（a）PCL　　　　（b）MAC　　　　（c）DAC
　　イ：（a）PCL　　　　（b）DAC　　　　（c）MAC
　　ウ：（a）ACL　　　　（b）MAC　　　　（c）DAC
　　エ：（a）ACL　　　　（b）DAC　　　　（c）MAC

2．ログはセキュリティ侵犯時のみならず、ハードウェアやソフトウェアの障害時にも重要な情報源として使用することができるため、ログを確実に収集することは、システムを守る面でも非常に重要である。また、複数のサーバなどで同期をとる場合は、そのキーとなる時刻を合わせる必要もある。TCP/IPでは、（　a　）を使用して（a）サーバから時刻を取得し、（　b　）を用いて時刻の同期を行う。なお、ログの保管に関しては（　c　）を保つことに注意し、（　d　）設定するとよい。

　　ア：（a）NTP　　　　（b）SNTP　　　　（c）完全性
　　　　（d）取得したログの保管期間はある程度長く
　　イ：（a）NTP　　　　（b）SNTP　　　　（c）可用性
　　　　（d）最新の状態を保つため随時上書き更新ができるように
　　ウ：（a）WINS　　　（b）WAP　　　　（c）完全性
　　　　（d）最新の状態を保つため随時上書き更新ができるように
　　エ：（a）WINS　　　（b）WAP　　　　（c）可用性
　　　　（d）取得したログの保管期間はある程度長く

3．暗号とは、ある一定の法則に従ってデータを変換し、元のデータを当事者以外には知られないようにする技術であり、この「一定の法則」を（　a　）という。また、暗号化または復号に使うかぎが何bitあるかを「かぎの長さ」といい、かぎを短くすると安全性は（　b　）が、暗号化・復号の処理が（　c　）という特徴がある。
　　なお、暗号機能を利用する際、かぎの保護やシステムへ暗号を組み込む場合の保守性を考慮すると、暗号（　d　）を利用するのが一般的である。暗号（d）とは、暗号機能を有するソフトウェア、ファームウェア、ハードウェア、もしくはその組合せを指すものである。

　　ア：（a）アルゴリズム　　（b）向上する　　（c）遅くなる　　（d）インスペクター
　　イ：（a）アルゴリズム　　（b）低下する　　（c）速くなる　　（d）モジュール
　　ウ：（a）ファンクション　（b）向上する　　（c）遅くなる　　（d）モジュール
　　エ：（a）ファンクション　（b）低下する　　（c）速くなる　　（d）インスペクター

4. 共通かぎ暗号方式には、（ a ）暗号と（ b ）暗号があり、さらに（a）暗号には、同期式暗号と非同期式暗号がある。
　　共通かぎ暗号方式の代表的なものとして、RCや（ c ）などが挙げられる。RCは、（c）よりも高速な処理が可能な暗号化の規格の総称であり、（a）暗号の一種である（ d ）や、（b）暗号の一種であるRC2やRC5などがある。一方、（c）は、米国政府が標準化した56bitの（b）暗号の規格であるが、強度に問題があるため、（c）を応用して強度を上げたトリプル（c）という暗号もある。

　　ア：（a）ストリーム　　　（b）ブロック　　　（c）NTRU　　　（d）RCA
　　イ：（a）ストリーム　　　（b）ブロック　　　（c）DES　　　（d）RC4
　　ウ：（a）ブロック　　　　（b）ストリーム　　（c）NTRU　　　（d）RC4
　　エ：（a）ブロック　　　　（b）ストリーム　　（c）DES　　　（d）RCA

5. DoS攻撃は、サービス拒否攻撃などとも呼ばれ、サービスの妨害や停止を行う攻撃全般を指す総称である。攻撃手法として、（ a ）や（ b ）、（ c ）などがあり、これらの手法とその概要を、以下の表に示す。

手法	概要
（a）	発信元を送信先と同じものに偽造したSYNパケットを送信し、送信相手を無限ループに陥れる攻撃である。
（b）	Webブラウザの再読込み機能を何度も連続して行うことによって、大量のページ送信要求を送り、Webサーバに過大な負荷をかけて停止させるなどの攻撃である。
（c）	IPパケットの順番を示す情報を偽造し、ターゲットに送りつける攻撃である。それを受け取った側では、同じ情報を重複して含む不正なIPパケットを組み立てる処理でエラーが発生し、処理が停止してしまう。

　　ア：（a）TEAR DROP攻撃　　（b）UDP Storm攻撃　　（c）LAND攻撃
　　イ：（a）TEAR DROP攻撃　　（b）リロード攻撃　　　（c）UDP Storm攻撃
　　ウ：（a）LAND攻撃　　　　　（b）UDP Storm攻撃　　（c）リロード攻撃
　　エ：（a）LAND攻撃　　　　　（b）リロード攻撃　　　（c）TEAR DROP攻撃

B．以下の文章は、標的型攻撃に関する内容です。文中の（　）内のそれぞれに入る最も適切な語句の組合せを、各選択肢（ア～エ）から１つ選びなさい。

6．ネットワークを経由した攻撃にはさまざまな手法があり、ここ数年は（　a　）が特に問題となっている。（a）は、標的型諜報攻撃や標的型サイバー攻撃、持続的標的型攻撃など、さまざまな呼び方がある。また、いわゆる標的型攻撃と同義語とみなされる場合もあるが、その実態や意味合いなどによりさまざまなパターンが存在する。
典型的な標的型攻撃は、【図２Ｂ】のような段階を踏んで実行されることが多い。

【図２Ｂ：標的型攻撃の流れ】

①の段階では、ターゲットとなる組織を攻撃するための情報の収集を行い、②の段階では、不正プログラムを混入した添付ファイルを電子メールで送信したり、Webサイトを閲覧させるなどにより、不正プログラムに感染させる。なお、このようなメールは、標的型攻撃メールなどとも呼ばれ、（　b　）などの形式のファイルが添付されていることが多く見受けられる。また、メールの受信者に不正なファイルだと気づきにくくさせるため、添付ファイルのアイコンを偽装したり、（　c　）形式のショートカットファイルを悪用したりすることもある。

　　ア：（a）APT　　　　　（b）EPSFやJFIF　　（c）RTF
　　イ：（a）APT　　　　　（b）EXEやZIP　　　（c）LNK
　　ウ：（a）MITM　　　　（b）EPSFやJFIF　　（c）LNK
　　エ：（a）MITM　　　　（b）EXEやZIP　　　（c）RTF

7．【図２Ｂ】の②の段階で送信する標的型攻撃メールに添付されている不正プログラムには、さまざまな種類があり、代表的なものとして（　a　）が挙げられる。（a）は、悪質ではないプログラムのように見せかけるものであり、PlugXやElirksなどの（a）型の不正プログラムが、標的型攻撃に使用されたことがある。また、オフィスソフトのぜい弱性が発見されてから修正プログラムが提供されるまでの期間に、そのぜい弱性を狙う（　b　）が添付されていたり、オフィスソフトで作成された文書に、不正プログラムを（　c　）オブジェクトとして埋め込んだファイルが添付されている場合もある。この場合は、文書ファイルを開いてそのオブジェクトをクリックして実行すると、不正プログラムに感染してしまう。なお、（c）とは、OSの機能や仕様の一つで、複数のソフトウェアが連携したり、データを共有したりするための仕組みのことである。

　　ア：（a）Hoax　　　　　（b）ゼロデイウイルス　　（c）OLE
　　イ：（a）Hoax　　　　　（b）コンセプトウイルス　（c）BLOB
　　ウ：（a）トロイの木馬　（b）ゼロデイウイルス　　（c）OLE
　　エ：（a）トロイの木馬　（b）コンセプトウイルス　（c）BLOB

8. 【図2B】の②の段階では、不正なプログラムを添付したメール以外にも、メール本文に記載したリンクをクリックするように促して不正なWebサイトに誘導し、不正プログラムに感染させる手法がある。これはフィッシングメールの手法と似ているが、標的型攻撃メールは（ a ）という点で、フィッシングメールとは異なる。そのため、フィッシングメールと比較すると、標的型攻撃メールの場合は警戒心が薄れる傾向にあるといえる。

   また、不正プログラムに感染させる方法はメールだけではなく、ターゲットとなるユーザが普段アクセスするWebサイトを改ざんし、そのサイトを閲覧しただけで不正プログラムに感染するように仕掛ける手法がある。これが、（ b ）である。（b）は、Webサイトを閲覧しただけで、不正プログラムを自動的にインストールする（ c ）を標的型攻撃に応用したものであり、普段アクセスするWebサイトに対する安心感や信頼感を逆手にとった手口といえる。

   ア：（a）一般的、かつ時事的な内容を記載している
   　　（b）サイドチャネル攻撃　　　　（c）ドライブバイダウンロード攻撃
   イ：（a）一般的、かつ時事的な内容を記載している
   　　（b）水飲み場型攻撃　　　　　　（c）フォールトインジェクション攻撃
   ウ：（a）特定の企業や個人をターゲットにする
   　　（b）サイドチャネル攻撃　　　　（c）フォールトインジェクション攻撃
   エ：（a）特定の企業や個人をターゲットにする
   　　（b）水飲み場型攻撃　　　　　　（c）ドライブバイダウンロード攻撃

9. 【図2B】の②の段階で初期潜入に成功した攻撃者は、③の段階へと進み、ターゲットの内部ネットワークで攻撃活動を行うための下準備をする。攻撃者は、ターゲットのコンピュータに（ a ）を仕掛け、それによって外部の（ b ）と通信を行い、ターゲットのコンピュータに遠隔から命令を送り、新たな（ c ）に感染させる。なお、（c）とは、遠隔操作ウイルスのことであり、遠隔操作を確実、かつ継続的に行えるよう、複数の（c）に感染させることもある。

   その後、④の段階に進み、遠隔操作によってターゲットへの攻撃に必要な不正プログラムを送り込み、ターゲットの内部ネットワークの調査や管理者権限の奪取などを行う。さらに、⑤の段階に進み、ターゲットの内部情報の窃取などの不正な活動を行う。

   ア：（a）バックドア　　　（b）C&Cサーバ　　　（c）RAT
   イ：（a）バックドア　　　（b）SIPサーバ　　　　（c）Sasser
   ウ：（a）ループバック　　（b）C&Cサーバ　　　（c）Sasser
   エ：（a）ループバック　　（b）SIPサーバ　　　　（c）RAT

10. 標的型攻撃による被害を防止するためには、【図2B】の②の段階で行われる、標的型攻撃メールへの対策が重要となる。標的型攻撃メールに対する従業員への教育は欠かせないが、最近では手口が巧妙になっているため、標的型攻撃メールかどうかの判断が難しい場合がある。そこで、（ a ）の認証結果を利用することにより、正規のドメインを詐称して送信された標的型攻撃メールかどうかを特定する手がかりとなる。これは、スパムメールやフィッシングメールなどの不審メールに対しても有効となる。
（ a ）は、電子メールの送信者情報のうち、ドメイン部分の正当性の確認を目的として行われ、代表的なものとして（ b ）と（ c ）の2種類の規格が挙げられる。（b）は電子署名をもとに、（c）は電子メールの送信元のIPアドレスをもとに、それぞれメール送信者情報のドメインの正当性を評価する。（a）を導入することにより、受信者側はメールの送信者情報や（ d ）情報から送信元の正当性を確認することが可能になり、なりすましが行われた場合はそれを検出できることになる。なお、（d）は、SMTPを使って通信する際に使用され、宛先アドレスとなるToと、送信者アドレスとなるFromとがある。

　　ア：（a）送信ドメイン認証　　（b）SPF　　（c）DKIM　　（d）インクルード
　　イ：（a）送信ドメイン認証　　（b）DKIM　　（c）SPF　　（d）エンベロープ
　　ウ：（a）NTLM認証　　（b）SPF　　（c）DKIM　　（d）エンベロープ
　　エ：（a）NTLM認証　　（b）DKIM　　（c）SPF　　（d）インクルード

C．以下の文章は、情報セキュリティに関する事柄についての説明です。文中の（　）に当てはまる最も適切なものを、各選択肢（ア〜エ）から1つ選びなさい。

11. 経済産業省の「コンピュータウイルス対策基準」では、コンピュータウイルスを、第三者のプログラムやデータベースに対して意図的に何らかの被害を及ぼすように作られたプログラムであり、自己伝染機能、（ア：発病機能、増幅機能　イ：増幅機能、破壊機能　ウ：破壊機能、潜伏機能　エ：潜伏機能、発病機能）を一つ以上有するものと定義している。

12. （ア：ベーパウェア　イ：グレイウェア　ウ：ボット　エ：ガンブラー）とは、ネットワークを通じてコンピュータを外部から操る不正プログラムであり、これに感染したコンピュータは、外部からの指示に従って不正な処理を実行してしまう。

13. （ア：センドバック　イ：クラスライブラリ　ウ：WebKit　エ：ルートキット）とは、悪意のある第三者が、不正侵入した後に利用するソフトウェアをまとめた一連のパッケージのことである。また、侵入したコンピュータへ継続的にリモートアクセスするためのツール一式を、素早く導入するといった目的を持つ不正プログラムを指す場合もある。

14. 不正プログラムの検出方法の一つである（ア：ヒューリスティック検知　イ：ダイレクトマップ　ウ：コンテンション　エ：パターンマッチング）方式は、検査対象のプログラムの特徴的な挙動を分析してルール化し、ルールや経験則などをもとに、そのプログラムを不正プログラムとして判定する方式である。

15. 公開かぎ暗号方式を利用する際、n人の間で使用するネットワークで必要となるかぎの個数は（ア：$2n$　イ：$n(n-1)/2$　ウ：n^2　エ：$n+1$）個である。

16. （ア：UIMカード　イ：USIMカード　ウ：トークンカード　エ：ライザーカード）とは、認証に用いる情報の生成や表示のために使われる装置であり、ワンタイムパスワードの場合は、ログイン回数や現在時刻をもとに、その場限りの有効なパスワードが表示される。

17. （ア：インデクシングロボット　イ：SEOポイズニング　ウ：Webソケット　エ：Webスクレイピング）とは、検索エンジンの最適化機能を悪用し、不正プログラムなどが含まれる悪質なWebサイトを、検索結果の上位に表示させることである。

18. NAPTとは、1つのグローバルアドレスに対し、複数のプライベートアドレスを割り当てる技術であり、（ア：IPデータグラム　イ：IPマスカレード　ウ：グローバルユニキャストアドレス　エ：ポートマッピング）とも呼ばれる。

19. （ア：AMT　イ：SCM　ウ：MDM　エ：WMS）とは、業務で使用するスマートフォンやタブレットPCなどの携帯端末を、一元的に管理するための仕組み、またはそれを実現するためのツールを指すものである。

20. （ア：ファジング　イ：パリティチェック　ウ：フィージビリティスタディ　エ：デジタルフォレンジクス）とは、不正アクセスや情報の漏えいなどのコンピュータに関する犯罪や法的紛争が生じた際、状態を詳細に調査し、法的な証拠性を明らかにする手段や技術の総称である。

D．以下の文章を読み、（　）に入る最も適切な語句を、それぞれ下の選択肢（ア～エ）から1つ選びなさい。

21. RAID 0では、複数台のハードディスクにデータを分散して書き込む。これを（　　　）。

　　ア：ストライピングといい、処理時間の高速化が図れる
　　イ：スプーリングといい、処理時間の高速化が図れる
　　ウ：ミラーリングといい、耐故障性が高くなる
　　エ：ラッキングといい、耐故障性が高くなる

22. ランサムウェアとは、（　　　）ソフトウェアである。

　　ア：技術的な検証を目的として試験的に作成されたコンピュータウイルスであり、感染してもコンピュータに障害をもたらす危険性が低い
　　イ：感染したコンピュータのデータを暗号化したり、システムをロックするなどにより制限をかけ、データの復号や制限の解除と引き換えに、金銭などを要求する不正な
　　ウ：主にスパムメールやフィッシングメールを検出・駆除するためのフィルタリング機能が搭載された
　　エ：セキュリティ機能を強化した基本ソフトウェアのうち、米国防総省が定めた規格によって一定の基準を満たすことが認定された、高い信頼性や耐攻撃性を備えた

23. ハッシュ関数の特徴の一つとして、（　　　）ことが挙げられる。

　　ア：異なる入力データから同じ出力結果が得られる可能性が非常に低い
　　イ：データの内容が変化しても出力されるダイジェストが変化しない
　　ウ：生成したダイジェストを繰り返し使い続けると、フラグメンテーションが発生しやすくなる
　　エ：出力したデータから入力したデータを導き出すことができる

24. 不正プログラムに感染した際、最初に行うべき対応は、（　　　）ことである。

　　ア：感染したコンピュータのデータを、ネットワーク経由で別のコンピュータに待避させる
　　イ：セキュリティソフトのベンダーの公式サイトにアクセスし、ワクチンソフトをダウンロードする
　　ウ：感染したコンピュータを、直ちに初期化する
　　エ：感染したコンピュータを、ネットワークから直ちに切り離す

25. リプレイ攻撃とは、（　　）手法であり、反射攻撃とも呼ばれる。

　　ア：pingコマンドを使って65,536Byteより大きなサイズのIPパケットを送りつけ、ターゲットとなるサーバの処理能力を低下させる
　　イ：Webブラウザのぜい弱性をついて、検索エンジンの最適化機能を無効にする
　　ウ：パスワードや通信内容などを盗聴し、それをそのまま再利用することでそのユーザになりすます
　　エ：大容量のメールや大量のメールを繰り返し送りつけ、ターゲットとなるサーバの処理能力を低下させる

26. パスワードリスト攻撃に遭わないようにするため、（　　）ことが挙げられる。

　　ア：空白文字や、「@」と「¥」の記号をパスワードとして使用しない
　　イ：複数のWebサービスで、ユーザID・パスワードの使い回しをしない
　　ウ：4文字以上の文字数のパスワードを設定する
　　エ：Webブラウザのセキュリティパッチを、随時適用する

27. 無線LANでは、アクセスポイントに無線端末のMACアドレスを送信する。このとき、MACアドレスが（　　）。

　　ア：暗号化されていないため、MACアドレスの盗聴によってなりすましが可能となってしまう
　　イ：暗号化されているため、安全に通信を行うことができる
　　ウ：「ANY」であった場合は、アクセスポイントで接続を拒否されてしまう
　　エ：デフォルトの状態であった場合は、アクセスポイントで接続を拒否されてしまう

28. リバースプロキシを（　　）が可能となる。

　　ア：利用しても、処理の高速化やサーバの負荷の軽減が期待できないが、通信回線の帯域の制御
　　イ：利用しても、サーバの負荷の軽減や通信回線の帯域の制御は行えないが、セキュリティの保持
　　ウ：利用することによって、セキュリティの保持に加え、サーバの負荷の軽減や通信回線の帯域の制御
　　エ：利用することによって、サーバが過負荷になる場合があるが、処理の高速化やセキュリティの向上

29. DNSサーバの脅威への対策として、セキュリティパッチの適用や、（　　）などが挙げられる。

　　ア：サンプルプログラムの併用や認証の強化
　　イ：外部用と内部用のDNSサーバの統合
　　ウ：DNSゾーンの管理の範囲を広げること
　　エ：デジタル署名を使用した認証の導入

30. BYODを採用した場合、（　　）ことなどがリスクとして想定される。

　　ア：個人所有の端末を業務に使用するため、重要な情報が社外に持ち出される状況が発生しやすくなる
　　イ：使用できる端末を限定することになるため、不慣れな操作によるシステムのエラーが発生しやすくなる
　　ウ：端末を使用できる場所と時間に制限を設ける必要があるので、業務の効率が低下する
　　エ：ネットワークに支障が発生した場合、復旧までには数時間かかるため、可用性が低下する

E．次の問いに対応するものを、各選択肢（ア～エ）から1つ選びなさい。

31. ファーミング詐欺の説明として適切なものは、次のうちどれか。

　　ア：サイトの利用には料金が必要であるという規則を利用者に示していないか、またはわかりにくい方法で示して、特定のWebページへのリンクをクリックした利用者に対し、支払いを強制する文面を提示して、料金を詐取しようとする手法である。
　　イ：気付かれないほどの少額を、多くの人から詐取する手法であり、金融関係のシステムの開発者がプログラムに細工を施し、本来は切り捨てられるはずの利子の端数を自分の口座に振り込むようにした事例もある。
　　ウ：実在の金融機関やオンラインショッピングのサイトなどに酷似した偽りのWebサイトを作り、DNSサーバの情報を書き換えることによってユーザをそのサイトに誘導して、暗証番号やクレジットカード番号などの個人情報を詐取する手法である。
　　エ：不正プログラムに感染したという偽りのメッセージを表示して不安をあおり、駆除ソフトを購入するよう促して同意させ、効果のない駆除ソフトを送りつけることにより、クレジットカード情報などを詐取する手法である。

32. 以下の文章は、電子証明の技術に関する記述です。文中の（　　）に当てはまる用語は、次のうちどれか。なお、それぞれの（　　）には、すべて同じ用語が入るものとする。

> （　　）は、電子文書の元の状態（原本）を「電子文書のハッシュ値」という方法で記憶しているため、（　　）によって電子文書の原本性証明を実現することができる。これを利用したものが、（　　）サービスである。このサービスでは、法的な文書や契約書などの公正性を求められる電子書類などを扱う際に、そのデータに対して、ある時点での存在を証明する「存在証明」と、その時点以降にデータが改ざんされていないことを証明する「原本性保証」の2点について、第三者機関によって保証される。

　　ア：エビデンス　　　　イ：タイムスタンプ
　　ウ：SOAP　　　　　　　エ：SRVレコード

33. SQLインジェクションへの対策として不適切なものは、次のうちどれか。

　　ア：開発用のエラーメッセージを、Webページに表示させない。
　　イ：データベースのアカウント権限を、正しく設定する。
　　ウ：入力パラメータのチェック処理を行うようにする。
　　エ：特殊文字の「￥￥」を「￥」に置き換えるなどの、スケーリングを行う。

34. データサルベージを悪用した、情報を不正に入手する手法への対策として適切なものは、次のうちどれか。

    ア：Cookieにsecure属性を指定し、再認証を定期的に実施する。
    イ：OSカーネルが変更された場合は、速やかにオリジナルの内容に復元する。
    ウ：サーバなどから放射される電磁波を外部に漏らさないようにするため、電磁波が遮断される部屋に機器を設置する。
    エ：ハードディスクなどを処分する際は、情報の読み取りが不可能な状態にしてから廃棄する。

35. 記憶媒体の特徴に関する記述として不適切なものは、次のうちどれか。

    ア：DLTは、シーケンシャルアクセスであるため、アクセス時間が遅いが、他の媒体と比較するとbitあたりの単価が安くなることから、データのバックアップなどに使用される。
    イ：DVD-RWとDVD+RWは、ライトワンスであるため、データの誤った上書きは発生しない。
    ウ：ハードディスクは、容量の大きいファイルの書込み・削除を繰り返した場合、ディスク内に断片化が生じ、それによってコンピュータの動作が遅くなることがある。
    エ：USBメモリの自動再生機能を有効にしておくと、それを悪用した不正プログラムに感染する危険性がある。

F．次の問いに対応するものを、各選択肢（ア〜エ）から1つ選びなさい。

36. 不正アクセスを目的とするネットワーク侵入の手口は、一般的に、事前調査・権限取得・不正実行・後処理という4つの段階で行われるケースが多い。これらに関する記述のうち、誤っているものはどれか。

    ア：事前調査の段階では、侵入や攻撃のために必要な情報の事前収集を行う。その手法の一つであるポートスキャンとは、ポート番号を順番に試してアクセスしていき、ターゲットのサーバで動作しているOSやアプリケーションなどに、ぜい弱性があるかどうかの調査をすることである。
    イ：権限取得の段階では、事前調査で情報を収集した結果、侵入可能と判断した場合、操作や処理を実行するための権限を、パスワードクラックなどにより不正に取得する。その手法の一つである辞書攻撃とは、辞書などに載っている単語やパスワードに使われる可能性がある単語などを順にパスワードとして試していき、パスワードを推測する手法である。
    ウ：不正実行の段階では、盗聴や破壊、改ざん、不正プログラムの埋込みなどを行う。また、スパムメールの配信や不正アクセスを行う際の中継地点として、第三者のコンピュータを踏み台として利用する場合もある。
    エ：後処理の段階では、侵入の形跡を消すための隠蔽工作を行う。また、次回の侵入を容易にするための仕掛けをしたり、OSコマンドインジェクションやディレクトリトラバーサルを行う場合もある。

37. IPsecに関する記述のうち、適切なものはどれか。

　ア：IPsecの仕様の一部であるESPは、認証ヘッダのことであり、IPパケットの完全性の保証と認証のための仕組みである。ESPでは、通信の内容の暗号化は行わず、データは平文で送受信される。

　イ：IPsecの仕様の一部であるAHは、暗号ペイロードヘッダのことであり、IPパケットのデータを暗号化することにより、盗聴や改ざん、偽造などの防止が可能となる。

　ウ：IPsecのカプセル化のモードの一つであるトランスポートモードでは、ホストがIPパケットを送信する際にIPsecを使用し、IPヘッダを暗号化せずにデータ部のみが暗号化される。そのため、エンドツーエンドでの通信に使用される。

　エ：IPsecのカプセル化のモードの一つであるトンネルモードでは、IPsecを使用してIPパケット全体が暗号化され、そこに新しいIPヘッダが付加されて送信される。そのため、トランスポートモードと比較すると、スループットが向上する。

38. ネットワーク経由での攻撃への対策に関する記述のうち、誤っているものはどれか。

　ア：ネットワークセグメントの一つである非武装セグメントは、DMZとも呼ばれ、ある程度セキュリティを保ちながら外部に公開するセグメントであり、多くの場合、Webサーバやメールサーバなどを設置する。

　イ：侵入検知システムの一つであるホスト型IDSは、インストールした機器の一部を使用するため、リソースやCPU資源などを消費してしまうことから、処理能力の低下が問題になる場合がある。

　ウ：侵入検知システムの一つであるネットワーク型IDSでは、監視の対象となるネットワーク上のすべてのパケットを解析するため、処理量が多くなることから、処理能力の低下による検出の遅れなどに注意が必要となる。

　エ：IPSは、侵入防止システムとも呼ばれ、ファイアウォールと連携し、不正アクセスを検知して侵入の遮断を動的に行う。IDSと同様に、検知の方法にはシグネチャ型とアノマリ型があり、これらのうちのシグネチャ型は、未知の攻撃パターンに効果を発揮することができる。

39. 経済産業省の「情報セキュリティ管理基準」における「バックアップ」に関する記述のうち、誤っているものはどれか。

　ア：バックアップ方針を確立し、情報、ソフトウェア及びシステムイメージのバックアップに関する組織の要求事項を定める。また、災害または媒体故障の発生の後に、全ての重要な情報及びソフトウェアの回復を確実にするために、適切なバックアップ設備を備える。

　イ：バックアップの範囲（例えば、フルバックアップ、差分バックアップ）、及びバックアップの頻度は、組織の業務上の要求事項、関連する情報のセキュリティ要求事項、及びその情報の組織の事業継続に対しての重要度を考慮して決定する。

　ウ：バックアップに用いる媒体の試験は、データ復旧手順の試験と併せて行い、必要なデータ復旧時間に照らし合わせて確認する。また、バックアップデータを復旧させる能力の試験は、試験媒体を用いて行うのではなく、実際に原本の媒体を利用してその能力を確認する。

　エ：機密性が重要な場合には、暗号化によってバックアップ情報を保護する。また、永久保存する複製物に関するあらゆる要求事項を考慮に入れて、不可欠な業務情報の保管期間を決定する。

40. IPAの「中小企業における組織的な情報セキュリティ対策ガイドライン」における「情報システムのアクセス制御の状況及び情報システムの開発、保守におけるセキュリティ対策」に関する記述のうち、誤っているものはどれか。

　　ア：情報や情報システムへのアクセスを制限するために、利用者IDの管理を行うこと。例えば、離席する際は、パスワードで保護されたスクリーンセーバーでパソコンを保護すること。

　　イ：重要な情報に対するアクセス管理方針を定め、利用者毎にアクセス可能な情報、情報システム、業務アプリケーション、サービス等を設定すること。また、職務の変更や異動に際して、利用者のアクセス権限を見直すこと。

　　ウ：無線LANにおいて重要な情報の通信を行う場合は、暗号化通信の設定を行うこと。また、無線LANの使用を許可する端末を制限するため、ESSIDブロードキャストを有効にして、ESSIDステルス機能を無効にすること。

　　エ：ソフトウェアの選定や購入、情報システムの開発や保守に際して、情報セキュリティを前提とした管理を行うこと。例えば、外部委託によるソフトウェア開発を行う場合、使用許諾、知的所有権などについて取り決めていること。

Ⅳ. コンピュータの一般知識

問1．以下の文章を読み、正しいものは○、誤っているものは×としなさい。

1．データの容量を表す際、1KBの約1,000倍が1MBとなり、1MBの約1,000倍が1TBとなる。

2．MP3とは、MPEG1の音声部分の圧縮アルゴリズムのうち、レイヤ3と呼ばれるアルゴリズムによって圧縮される音声ファイルの名称であり、人間が聞き取りにくい部分の音声データを取り除くことによって、高い圧縮率を得る非可逆圧縮方式を採用している。

3．ネットワークで接続された複数のコンピュータが抽象化され、実体を意識することなく利用可能な処理形態をクラウドコンピューティングといい、これを利用したサービスには、SaaSやIaaS、PaaSなどの種類がある。

4．OCRは、光学式マーク読取り装置とも呼ばれ、マークシートに光を当てて、黒く塗りつぶされたマークの有無を読み取る装置である。

5．出力装置の一つであるペンプロッタとは、ペンをX軸とY軸に移動させて図面を印刷する装置であり、単にプロッタと呼ばれることもある。

6．以下の表は、プリンタの種類による特徴の違いを示したものであり、Bの方式にはインクジェットプリンタが該当する。

方式	価格	印字音	消費電力	画質	インク
A	やや低	大	小	低	インクリボン
B	低	小	小	高	顔料インク、染料インク
C	高	小	大	高	トナーインク

7．半導体メモリには、電源を切断すると記憶内容が失われる揮発性のROMと、電源を切断しても記憶内容が保持される不揮発性のRAMがあるが、フラッシュメモリはこれらの両方の要素を兼ね備えたメモリである。フラッシュメモリの代表的なものとして、USBメモリが挙げられる。

8．米国のベル研究所においてC言語により開発されたUNIXは、一般的に、完全なマルチタスク機能を搭載しており、ネットワーク機能や安定性にも優れ、高度なセキュリティを保つように設計されている。

9．アドオンとは、すでに存在しているアプリケーションに、特定の機能を追加するプログラムやその手続きのことであり、アドインとも呼ばれる。

10．レジストリとは、Windows系のOSにおいて、システムやアプリケーションソフトなどの各種動作に関する設定情報を記録しているファイルのことである。ハードウェア情報や、接続している周辺機器などの情報も管理しているため、ユーザが使いやすいように、設定を随時変更する必要がある。

11．電子メールシステムにおいて、クライアントがメールサーバ上のメールボックスからメールを取り出して受信する際に利用するプロトコルは、SNMPである。

12．LANのアクセス制御方式の一つであるCSMA/CD方式は、衝突検知方式や搬送波感知多重アクセス方式などとも呼ばれ、各ノードがデータを送信する際、伝送路上にデータがないことを確認してからデータを送信する方式である。

13．Webページにアクセスを試みた際、「Not Found」または「404エラー」というエラーメッセージが表示された場合は、そのページには不正なプログラムが埋め込まれている可能性があるため、注意を促す意味が含まれている。

14. 学校法人、職業訓練校、大学、短期大学などに発行されるドメイン名は、「＊＊＊.ac.jp」であり、財団法人、社団法人、医療法人、監査法人、特定非営利活動法人、独立行政法人などに発行されるドメイン名は、「＊＊＊.or.jp」である。

15. メザニンカードとは、デジタル放送を視聴する際に、テレビなどの視聴装置の専用スロットに差し込んで使用するICカードのことである。これによって、契約者のみが放送を受信できるようになり、不正コピー防止などの著作権保護機能も持つ。

16. ERPとは、企業経営の基本となるヒト・モノ・カネ・情報などの資産要素を適切に分配し、有効活用する計画または考え方を意味するものであり、これを実現するためのソフトウェアは、ERPパッケージや統合業務パッケージなどとも呼ばれている。

17. M2M（M to M）とは、機械同士が通信ネットワークを介して情報をやり取りすることにより、自律的に高度な制御や動作を行うことである。この具体例として、自動販売機の在庫状況の遠隔監視や、エレベーターの稼働状況の監視などが挙げられる。

18. eコマースとは、インターネットやコンピュータなどを介して行う電子商取引の総称であり、企業が企業向けに行う電子商取引の形態であるB to Bや、企業や企業と提携した外部の業者が、その企業の従業員向けに行う電子商取引の形態であるB to Gなどがある。

19. 表計算ソフトやデータベースソフトを利用して集計したデータを視覚化する際、2つの項目に関連性や相関があるかどうかを表す際に適しているのは、ヒストグラムである。このグラフは、縦軸と横軸にそれぞれ別の量をとり、データが当てはまるところにプロットする。

20. アクセシビリティとは、情報やサービス、製品などが、どの程度広汎な人に利用可能であるかを表すものであり、高齢者・障害者を含む誰もが、さまざまなサービスなどを支障なく利用できるかどうかの度合いを表すものである。

問2．以下のA～Dについて答えなさい。

A．次の問いに対応するものを、各選択肢（ア～エ）から1つ選びなさい。

1．256色以下のカラーやモノクロ画像を圧縮するファイル形式であり、JPEG形式とともにWebページの標準形式として多く利用されているもの

  ア：BMP   イ：GIF   ウ：MPEG   エ：WMV

2．画像を構成する最小の単位であり、色調・階調・透明度などの色情報を持つ点を意味するもの

  ア：pps   イ：pica   ウ：pixel   エ：PV

3．「月」「火」「水」…のように、曜日や日付、数値など、規則性のあるデータを連続して自動的に入力する、表計算ソフトに搭載されている機能

  ア：アベンド   イ：オートフィル
  ウ：ストアードプロシージャ エ：WYSIWYG

4．インターネットなどのネットワークに接続するクライアントに、サーバがIPアドレスを動的に割り当てるためのプロトコル

  ア：DHCP   イ：IMAP   ウ：RSVP   エ：LDAP

5．商品販売時にバーコードなどから商品情報を読み取り、商品の販売情報を記録するシステム

  ア：CRMシステム イ：POSシステム ウ：DSS   エ：SIS

6．カメラやマイク、センサーなどを利用し、現実の環境での視覚や聴覚、触覚などの知覚に与えられる情報を重ね合わせて、コンピュータによる処理で追加あるいは削減、変化させるなどの技術の総称

  ア：AR   イ：HUD   ウ：POC   エ：O to O

7．通信事業者やインターネットサービスプロバイダ、データセンターなどが、顧客が所有するサーバや通信機器などを預かり、自社の設備が整った施設内に設置し、回線や電源などを提供するサービス

  ア：ASPサービス   イ：ディレクトリサービス
  ウ：ターミナルサービス   エ：ハウジングサービス

B．次の（ a ）～（ c ）の説明に対する用語の正しい組合せを、各選択肢(ア～エ)から1つ選びなさい。

8. （ a ）Apple社、IBM社、Microsoft社などの米国の情報関連企業が中心となって提唱し、ISOによって国際規格として採用された文字コードであり、世界の主要な言語の文字を表現可能にしている。

    （ b ）Microsoft社によって制定された文字コードであり、WindowsやMac OSなどで使用されている。半角カナを1Byteで扱えるため、表示桁数と内部Byte数が一致するという特徴を持つ。

    （ c ）日本語UNIXシステム諮問委員会の提案にもとづいてAT&T社によって制定された、複数Byteの文字を扱う文字コードの枠組みであり、各国の文字コードも規定されている。

    ア：（a）Unicode　　　　　　（b）シフトJISコード　　　（c）EUC
    イ：（a）Unicode　　　　　　（b）EUC　　　　　　　　（c）シフトJISコード
    ウ：（a）シフトJISコード　　　（b）Unicode　　　　　　（c）EUC
    エ：（a）シフトJISコード　　　（b）EUC　　　　　　　　（c）Unicode

9. （ a ）主に家電やAV機器向けのデジタル映像・音声入出力などに利用されるシリアルインタフェース規格であり、コンピュータとディスプレイの接続に多く使われるDVIを、家電やAV機器向けのインタフェースとして発展させたものである。

    （ b ）最大で63台の機器をデイジーチェーン接続やツリー接続することができるシリアルインタフェース規格であり、FireWireやi.Link、DV端子とも呼ばれ、コンピュータと周辺機器だけではなく、家電製品との接続も可能である。

    （ c ）コンピュータ本体とハードディスク、CD/DVDドライブなどの接続に利用されるパラレルインタフェース規格であり、転送速度が40Mbps～320Mbpsの規格がある。

    ア：（a）HDMI　　　（b）RS-232C　　（c）MHL
    イ：（a）HDMI　　　（b）IEEE 1394　　（c）SCSI
    ウ：（a）IDE　　　　（b）RS-232C　　（c）SCSI
    エ：（a）IDE　　　　（b）IEEE 1394　　（c）MHL

10. （ a ）樹脂皮膜で覆われた複数の細いケーブルを平面状に束ねたケーブルであり、コンピュータ内部での部品の結線などに用いられている。

    （ b ）絶縁物で被覆した銅線2本をより合わせたネットワークケーブルであり、環境ノイズなどによる信号への影響を抑えることができる。その種類として、シールドを施したSTPケーブルと、シールドしていないUTPケーブルとがある。

    （ c ）中心にデータ伝送用の1本の銅の芯線があり、それを絶縁体で包み、さらにそれをシールド層で包み、最後に外側をビニールなどで覆った構造であり、ネットワークケーブルや、テレビアンテナと受信機を接続するケーブルなどで使われている。

    ア：（a）コンソールケーブル　　（b）ストレートケーブル　　（c）同軸ケーブル
    イ：（a）コンソールケーブル　　（b）ツイストペアケーブル　（c）クロスケーブル
    ウ：（a）フラットケーブル　　　（b）ストレートケーブル　　（c）クロスケーブル
    エ：（a）フラットケーブル　　　（b）ツイストペアケーブル　（c）同軸ケーブル

C．次の問いに対応するものを、各選択肢（ア～エ）から1つ選びなさい。

11. コンピュータの種類に関する記述のうち、適切なものはどれか。

　　ア：スーパーコンピュータとは、事務処理から技術計算までさまざまな目的に利用されている汎用性の高いコンピュータの総称であり、メインフレームとも呼ばれている。

　　イ：マイクロコンピュータとは、家電製品や電子機器などに制御部品として組み込まれる小型のコンピュータの総称である。

　　ウ：ワークステーションとは、コンビナートや交通管理、発電所、生産ラインなどの各装置を制御するコンピュータの総称である。

　　エ：制御コンピュータとは、汎用コンピュータを大規模な科学技術計算に特化させたコンピュータの総称である。

12. 以下の文章は、メタデータに関する記述です。（　）に当てはまる用語は、次のうちどれか。なお、それぞれの（　）には、同じ用語が入るものとする。

> （　）とは、メタデータの一種で、地図上の位置（緯度・経度）を示すデータのことである。スマートフォンなどの携帯端末は、GPSなどで現在地の緯度や経度を検知する機能があり、これを利用して、位置情報をファイルに保存したり、ネットワークで送受信する際に、付加情報として関連する位置情報を追加することができる。なお、GPSから取得した位置情報は、経度と緯度がそれぞれ数値で記録されるため、（　）が付加される設定で写真を撮影し、それをSNSに投稿した場合、撮影者のプライバシーに関わる位置情報を知られてしまう場合があるので、注意が必要である。

　　ア：オブジェクトコード　　　　イ：ジオタグ
　　ウ：キャリッジリターン　　　　エ：ラインフィード

13. 表計算ソフトを使用し、条件を指定して以下のリスト「タブレットPC機種別・店舗別売上集計」のデータを操作した際、その結果として誤っている記述は、次のうちどれか。

    なお、図の上部A～Hは列番号、左側1～8は行番号をそれぞれ表すものであり、セルの名前（番地）は、列番号と行番号の組合せで表すものとする。また、ここでの操作の対象範囲は、セルA3からセルH7とする。

	A	B	C	D	E	F	G	H
1	タブレットPC機種別・店舗別売上集計							
2								（単位：千円）
3	機種No.	機種名	千代田本店	名古屋支店	札幌支店	博多支店	機種別売上合計	構成比
4	TB-124	Raccoon 3	54,064	59,630	28,022	58,284	200,000	24.5%
5	TB-128	Glitter.Pro2	53,952	44,912	59,122	41,992	199,978	24.5%
6	TB-224	Pleiades X	64,800	66,636	36,010	68,330	235,776	28.9%
7	TB-236	Rainbow 2	44,352	41,306	46,002	48,528	180,188	22.1%
8	店舗別売上合計		217,168	212,484	169,156	217,134	815,942	100.0%

ア：並べ替えの条件に「機種名」の昇順を指定すると、「機種No.」がTB-128のレコードが先頭となる。

イ：並べ替えの条件に「機種別売上合計」の降順を指定すると、「機種No.」がTB-224のレコードが先頭となる。

ウ：「機種名」の抽出条件にワイルドカードを使用して「＊P＊」と指定すると、「機種No.」がTB-128とTB-224の2件のレコードが抽出される。

エ：「機種別売上合計」の抽出条件に「＞200,000」と指定すると、「機種No.」がTB-124、TB-224、の2件のレコードが抽出される。

14. 設問13. のリスト「タブレットPC機種別・店舗別売上集計」の「構成比」（セルH4からH7）の数値を用いてグラフを作成する際、その内訳を表すのに最も適しているものは、次のうちどれか。

    ア：折れ線グラフ　　　　イ：円グラフ
    ウ：ポイントグラフ　　　エ：スプライングラフ

15. 以下の文章は、無線通信に関する記述です。（　）内のそれぞれに入る最も適切な語句の組合せは、次のうちどれか。

> コンピュータネットワークにはさまざまな形態があり、身近なものとして（ a ）が挙げられる。（a）は、主に個人が利用する形態であり、スマートフォンや携帯電話、ノートパソコン、周辺機器などを、ケーブルを使わずに接続して、音声データや文字データなどをやりとりする際に利用されている。無線通信を用いるものを、特に（ b ）と呼ぶこともあるが、単に（a）と呼ばれていることが多い。（a）の代表的なものとして、（ c ）が挙げられ、（c）は用途や機器によって、実装すべき機能やプロトコルが個別に策定されている。なお、（c）よりもさらに近距離で通信を行うものとして、（ d ）がある。（d）は、国際標準規格として認証されているものであり、通信距離は10cm程度に限定されていて、対応機器をかざすだけで通信が可能となる。ただし、（d）は（c）よりも低速であるため、大容量のデータのやり取りには適していない。

　　ア：（a）MAN　　（b）WMAN　　（c）Bluetooth　　（d）NFC
　　イ：（a）MAN　　（b）WMAN　　（c）NFC　　（d）Bluetooth
　　ウ：（a）PAN　　（b）WPAN　　（c）Bluetooth　　（d）NFC
　　エ：（a）PAN　　（b）WPAN　　（c）NFC　　（d）Bluetooth

D．次の問いに対応するものを、各選択肢（ア～エ）から1つ選びなさい。

16. 16進数の「C」を10進数で表したものは、次のうちどれか。

　　ア：10　　　　イ：11　　　　ウ：12　　　　エ：13

17. Windows環境において、半角の文字・記号によって構成されているファイル名で使用できるものは、次のうちどれか。

　　ア：<soumu>　　イ：/eigyou/　　ウ：No.3　　エ：xyz:0211

18. カラーディスプレイなどで用いられる光の3原色を構成する色の正しい組合せは、次のうちどれか。

　　ア：Red・Gold・Black　　　　イ：Coral・Magenta・Yellow
　　ウ：Red・Green・Blue　　　　エ：Cyan・Marron・Yellow

19. 出力紙などの用紙サイズの規格で、A5判よりも面積が小さいものは、次のうちどれか。

　　ア：A6判　　　　イ：A4判　　　　ウ：B5判　　　　エ：B4判

20. 名称やロゴなどが商標登録済みであることの表示は、次のうちどれか。

　　ア：PAT.　　　　イ：PAT.P　　　　ウ：Ⓡ　　　　エ：Ⓟ

情報セキュリティ管理士認定試験

解答・解説

Ⅰ．情報セキュリティ総論

問1．

1．正解　×

情報セキュリティの要素の一つである「真正性」の具体例として、利用者が本人であると主張した際、その利用者が主張する身元の正しさを確認・検証する手段を備えていて、確実に本人だけを認証できることなどが挙げられる。
なお、ユーザとその動作が一意に特定でき、過去にさかのぼっても追跡できるように、情報システムのアクセスログを取得することは、「**責任追跡性**」の具体例である。

2．正解　○

OECDプライバシー・ガイドラインの8原則において、「データ内容の原則」では、収集するデータは、利用目的に沿ったもので、かつ正確・完全・最新であるべきであるとしている。

3．正解　○

情報セキュリティポリシーの一般的な策定の手順として、まず、組織と体制の整備を行う。続いて、情報セキュリティ基本方針を策定し、リスク分析を行い、その結果をふまえて情報セキュリティ対策基準を策定する。その後、情報セキュリティポリシーを決定し、さらに、対策の実施手順を策定する。

4．正解　○

情報セキュリティポリシーの構成要素の一つである情報セキュリティ対策基準とは、情報セキュリティ基本方針に定められた情報セキュリティを確保するために、遵守すべき行為及び判断などの基準のことであり、いわゆる管理策のことである。情報セキュリティ対策基準には、情報セキュリティ基本方針を実現するために、何を行わなければならないかを記載する。

5．正解　○

JIS Q 27002:2014の「内部組織」において、認可されていない状態または検知されない状態で、一人で資産に対してアクセス、修正または使用ができないように注意することが望ましいとしている。また、ある作業を始めることと、その作業を認可することとを分離することが望ましく、管理策の設計においては、共謀のおそれを考慮することが望ましいとしている。

6．正解　○

情報セキュリティ監査は、情報セキュリティ対策が適切かどうかを監査人が保証することを目的とする「保証型の監査」と、情報セキュリティ対策の改善のために監査人が助言を行うことを目的とする「助言型の監査」に大別できる。
なお、この2つを同時に目的とした監査を行うことも可能である。

7．正解　×

MICTS（GMITS）において示されているリスク分析手法の一つである組合せアプローチは、複数の分析手法を組み合わせて行う手法であり、それぞれの手法のメリットを得ることができる。なお、この手法は、**ベースラインアプローチと詳細リスク分析の組合せが推奨**されている。

8．正解　×

ITシステムの導入などがプライバシーに対して及ぼす影響を事前に評価し、その保護のための措置を講じる仕組みは、**PIA**（Privacy Impact Assessment：プライバシー影響評価）である。具体的な実施方法として、個人情報の収集目的・収集方法・利用方法・管理方法などを検討し、そのシステムがプライバシーに配慮した設計となっているかを確認するなどの方法がとられている。

9. 正解 ○

投機的リスクとは、投資や起業などに関わるリスクが対象となり、損失を被る可能性がある反面、利益をもたらす可能性がある、損失と利得の両面をもつリスクである。また、純粋リスクとは、災害や盗難、詐欺などのようにマイナスの影響のみのリスクである。これらのうち、情報セキュリティにおいて管理することとなるのは、純粋リスクである。

10. 正解 ×

リスク対応の一つであるリスクファイナンスの事例として、地震保険や個人情報漏えい保険に加入すること（リスクの移転）や、リスクが発生したときのために、組織内で準備金などを積み立てておくこと（リスクの保有）などが挙げられる。
なお、リスクの管理策にコストがかかり過ぎて利益が見込めない事業を撤退すること（リスクの回避）は、**リスクコントロール**に該当する事例である。

11. 正解 ○

「不正アクセス行為の禁止等に関する法律」（不正アクセス禁止法）は、不正アクセス行為等の禁止・処罰という行為者に対する規制と、不正アクセス行為を受ける立場にあるアクセス管理者に防御措置を求め、アクセス管理者がその防御措置を的確に講じられるよう行政が援助するという防御側の対策との２つの側面から、不正アクセス行為等の防止を図ろうとするものである。

12. 正解 ○

SNS上で、自身に関する名誉毀損やプライバシー侵害などに相当する情報が、第三者によって投稿され、個人の権利を不当に侵害されている場合は、「特定電気通信役務提供者の損害賠償責任の制限及び発信者情報の開示に関する法律」（プロバイダ責任制限法）にもとづき、プロバイダやサーバの管理・運営者などに対して、その情報の削除を求めることができる。

13. 正解 ×

利用者の同意を得ずに広告、宣伝または勧誘等を目的とした電子メールを送信したり、送信者情報を偽った送信や架空電子メールアドレスによる送信を行った場合は、「**特定電子メールの送信の適正化等に関する法律**」（特定電子メール法、迷惑メール防止法）において、処罰の対象となる。

14. 正解 ○

「電子署名及び認証業務に関する法律」（電子署名法）は、一定の条件を満たす電子署名が手書き署名や押印と同等に通用することや、電子署名を行った者を証明する認証業務のうち、一定の水準を満たす特定認証業務について、信頼性の判断目安として認定を与える制度などを規定している法律である。

15. 正解 ×

技術やノウハウ等の情報が「営業秘密」として「不正競争防止法」で保護されるためには、**秘密管理性・有用性・非公知性**の３つの要件をすべて充たす必要がある。また、不正の手段によって「営業秘密」を取得して使用、もしくは第三者に提供するなどの行為は、「不正競争行為」として、処罰の対象となる。

16. 正解 ×

雑誌などに掲載されている写真は著作物であるため、それをスキャナで読み取ってWebページに掲載する場合は、**著作者の許可が必要**である。さらに、その写真をトリミングしたり、編集・加工することは、著作者のもつ**「同一性保持権」を侵害**することとなる。

17. 正解 ○

「著作権法」における「共同著作物」とは、２人以上の人が共同して作った著作物で、各人の著作した部分を分離して利用できないもののことであり、複数の著作者による「共同創作性」と著作物の「不可分利用性」が要件となる。

18. 正解 ×

「個人情報の保護に関する法律」（個人情報保護法）における「<u>要配慮個人情報</u>」とは、本人の人種、信条、社会的身分、病歴、犯罪の経歴、犯罪により害を被った事実などの、本人に対する不当な差別、偏見その他の不利益が生じないようにその取扱いに特に配慮を要するものとして、政令で定める記述等が含まれる個人情報のことである。

19. 正解 〇

「行政手続における特定の個人を識別するための番号の利用等に関する法律」（マイナンバー法、番号法、番号利用法）において、特定個人情報の提供については、「個人情報保護法」における個人情報の提供の場合よりも限定的に定められている。

20. 正解 ×

経済産業省の「情報セキュリティ監査基準」において、情報セキュリティ監査は、情報セキュリティに係るリスクのマネジメントまたはコントロールを対象として行われるものであるが、具体的に設定される監査の目的と監査の対象は<u>監査依頼者の要請に応じたものでなければならない</u>と示している。

問 2.

A.

1. 正解 ウ

JIS Q 31000：2010において、「リスク」を、目的に対する不確かさの<u>影響</u>と定義している。また、リスクは、ある事象（周辺状況の変化を含む）の結果とその発生の<u>起こりやすさ</u>との組合せとして表現されることが多いとしている。
なお、ここでの「影響」とは、期待されていることから、好ましい方向に乖離、または好ましくない方向に乖離することをいう。そして、「不確かさ」とは、事象、その結果またはその<u>起こりやすさ</u>に関する、情報、理解もしくは知識が、<u>たとえ部分的にでも欠落している</u>状態をいう。

2. 正解 イ

JIS Q 0073：2010において、リスク対応の一つである「リスク共有」を、他者との間で、合意に基づいてリスクを<u>分散</u>することを含むリスク対応の形態と定義している。なお、「リスク共有」は、<u>保険または他の契約形態によって実行される</u>ことがあり、「<u>リスク移転</u>」は、「リスク共有」の一つの形態であるとしている。また、リスク<u>分散</u>の度合いは、共有に関する取決めの信頼性及び明りょう性によって決まることがあるとしている。

3. 正解 エ

「<u>意匠法</u>」において保護の対象となる「<u>意匠</u>」とは、物品の形状、模様もしくは色彩またはこれらの結合であって、視覚を通じて美感を起こさせるものであるため、物品の外観に現れないような構造的機能は、保護の対象とならない。また、「<u>商標法</u>」において保護の対象となる「<u>商標</u>」とは、人の知覚によって認識することができるもののうち、文字、図形、記号、立体的形状もしくは色彩またはこれらの結合、音その他政令で定めるものであって、業として商品を生産し、証明しもしくは譲渡する者がその商品について使用するもの、または業としてサービスを提供しもしくは証明する者がそのサービスについて使用するものである。なお、平成26年5月の改正により、保護の対象として、動き、<u>ホログラム</u>、音、位置なども認められるようになった。

なお、「実用新案法」で保護の対象となるのは、「考案」である。

4. 正解　ア

「個人情報保護法」において、個人情報取扱事業者は、あらかじめ本人の**同意**を得ないで、特定された利用目的の達成に必要な範囲を超えて、個人情報を取り扱ってはならないと規定している。また、個人情報保護委員会の「個人情報の保護に関する法律についてのガイドライン（通則編）」において、「本人の**同意**を得る」とは、**本人の承諾する旨の意思表示**を当該個人情報取扱事業者が認識することをいい、事業の性質及び個人情報の取扱状況に応じ、本人が**同意**に係る判断を行うために必要と考えられる**合理的かつ適切**な方法によらなければならないと示している。なお、個人情報の取扱いに関して**同意**したことによって生ずる結果について、未成年者、成年被後見人、被保佐人及び被補助人が判断できる能力を有していないなどの場合は、親権者や法定代理人等から**同意**を得る必要があるとしている。

5. 正解　ウ

経済産業省の「企業における情報セキュリティ**ガバナンス**のあり方に関する研究会　報告書」において、「情報セキュリティ**ガバナンス**」を、社会的責任にも配慮したコーポレート**ガバナンス**と、それを支えるメカニズムである**内部統制**の仕組みを、情報セキュリティの観点から企業内に構築・運用することと定義している。なお、「**内部統制**」とは、企業経営者の経営戦略や事業目的などを組織として機能させ、達成していくための仕組みである。また、「**内部統制**」は、業務の効率性及び有効性、**財務報告の信頼性**、法令等の遵守、資産の保全の4つを目的として構築される。

B.

6. 正解　イ

リスクアセスメントにおける**リスク分析**とは、リスクの特質を理解し、リスクレベルを決定するプロセスである。
なお、リスク特定とは、リスクを発見、認識及び記述するプロセスであり、リスク評価とは、リスクやリスクの大きさが、受容可能または許容可能かを決定するために、リスク分析の結果をリスク基準と比較するプロセスである。

7. 正解　ア

リスクを定量化する手法の一つである**ALE**とは、リスクの顕在化の確率とリスクが顕在化した場合の予想損失額を見積もり、その乗算から年間予想損失額を算出する手法である。
なお、FTAは、フォールトツリーと呼ばれる樹形図を用いて分析を行う手法であり、故障の木解析やフォールトツリー解析とも呼ばれる。

8. 正解　ウ

「**特定商取引に関する法律**」（特定商取引法）は、事業者による違法・悪質な勧誘行為などを防止し、消費者の利益を守ることを目的とする法律である。具体的には、訪問販売や通信販売などの消費者トラブルを生じやすい取引類型を対象に、事業者が守るべきルールと、クーリング・オフなどの消費者を守るルールなどを規定している。

9. 正解　エ

「個人情報保護法」の第16条で規定されている、利用目的の達成に必要な範囲を超えて取り扱ってはならないという個人情報取扱事業者の義務は、OECDプライバシー・ガイドラインの8原則の「**利用制限**の原則」と対応している。

10. 正解　イ

「個人情報保護法」における「匿名加工情報」とは、個人情報に含まれる記述等の一部または個人識別符号の全部を削除するなどの措置を講じて、特定の個人を識別することができないように個人情報を加工して得られる個人に関する情報であって、その個人情報を**復元**することができないようにしたものをいう。

C.

11. 正解　ウ

JIS Q 27000：2014において、「信頼性」を、意図する行動と結果とが一貫しているという特性と定義している。

なお、認可されたエンティティが要求したときに、アクセス及び使用が可能である特性は、「可用性」の定義であり、エンティティは、それが主張するとおりのものであるという特性は、「真正性」の定義である。

12. 正解　イ

リスク対応における「リスクの低減」の具体例の一つとして、情報漏えいに備え、重要なデータは暗号化して保管しておくことが挙げられる。

なお、社内では十分なセキュリティ対策が行えないため、メールマガジン配信サービスの運用を他社に委託することや、水害などの被害が頻繁にある場合、データセンターを安全な場所へ移転することは、「リスクの回避」の具体例である。

13. 正解　エ

「著作権法」において、裁判所の判決、決定、命令などは著作物ではあるが、著作権はない。

なお、ゲームソフトの映像部分などの、録画されている動く影像、Web上に公開されている論文や書評、学術的な図面、図表、模型などは、著作権をもつ著作物である。

14. 正解　ウ

「特許法」において、保護の対象となる「発明」とは、自然法則を利用した技術的思想の創作のうち高度のものであるため、金融保険制度・課税方法などの人為的な取決めは、保護の対象とはならない。

15. 正解　ウ

「個人情報保護法」における「個人情報データベース等」とは、特定の個人情報をコンピュータを用いて検索することができるように体系的に構成した、個人情報を含む情報の集合物である。ただし、市販の電話帳、住宅地図、カーナビゲーションシステムは、「個人情報データベース等」には該当しない。

なお、電子メールソフトに保管されているメールアドレス帳（メールアドレスと氏名を組み合わせた情報を入力している場合）や、従業者が、名刺の情報を業務用パソコンの表計算ソフト等を用いて入力・整理したファイル、人材派遣会社が登録カードを、氏名の五十音順に整理し、五十音順のインデックスを付したファイルは、「個人情報データベース等」に該当する。

D.

16. 正解　イ

OECDプライバシー・ガイドラインの8原則において、「個人参加の原則」では、個人は次の権利を有するべきであるとしている。

- ア：正しい記述である。
  データ管理者が自己に関するデータを有しているか否かについて、データ管理者またはその他の者から確認を得ること
- イ：誤った記述である。
  自己に関するデータについて、合理的な期間内に、<u>もし必要なら過度にならない費用で、合理的な方法で</u>、かつ、わかりやすい形で自己に知らしめられること
- ウ：正しい記述である。
  自己に関するデータの確認を得ること、及び自己に知らしめられることの要求が拒否された場合には、その理由が与えられること、及びそのような拒否に対して異議を申し立てることができること
- エ：正しい記述である。
  自己に関するデータに対して異議を申し立てること、及びその異議が認められた場合には、そのデータを消去、修正、完全化、補正させること

17. 正解　イ

情報セキュリティマネジメントシステム（ISMS）を推進していく手法であるPDCAサイクルは、それぞれのプロセスで次のようなことを実施する。

- ア：正しい記述である。
  Planプロセスでは、組織の全般的方針及び目的に従った結果を出すための、ISMS基本方針、目的、プロセスと手順の確立を行う。具体的には、情報セキュリティポリシーの策定や情報資産の洗い出しなどを行う。
- イ：誤った記述である。
  Doプロセスでは、ISMSを導入してその運用を行う。具体的には、リスク対応計画の実施、情報セキュリティ教育・訓練の実施、ISMSの経営資源の管理、セキュリティ上の問題として捉えられる事象への対応などを行う。
  なお、リスクアセスメントは、Planプロセスで実施すべき事項である。
- ウ：正しい記述である。
  Checkプロセスでは、ISMSを点検・監視してレビューを行う。具体的には、定期的に管理策の有効性の測定や内部監査を行い、その結果のレビューのための経営陣への報告などを行う。
- エ：正しい記述である。
  Actプロセスでは、ISMSの維持・改善を行う。具体的には、点検の結果や関連情報にもとづいた、重要な不適合部分の是正処置や予防処置、改善策の実施などを行う。

18. 正解　ウ

ア：正しい記述である。
　正当な目的がないのに、その使用者の意図とは無関係に勝手に実行されるようにする目的で、コンピュータウイルスやコンピュータウイルスのソースコードを取得、保管する行為は、「刑法」における不正指令電磁的記録取得・保管の罪として、処罰の対象となる。

イ：正しい記述である。
　いわゆる「フィッシングサイト」を公開する行為や、電子メールにより識別符号を詐取しようとするなどの、利用権者に対し識別符号を不正に要求する行為は、「不正アクセス禁止法」における不正アクセス行為として、処罰の対象となる。

ウ：誤った記述である。
　コンピュータシステムの全部または一部の破壊、データの消去及び改ざん、プログラムの不正な作成などによって、人の業務を妨害する行為は、「刑法」における**電子計算機損壊等業務妨害の罪**として、処罰の対象となる。

エ：正しい記述である。
　有料放送の契約者以外の視聴を制限するアクセスコントロールを無効化し、無料で視聴できるようにするための装置を譲渡する行為は、「不正競争防止法」における技術的手段を無効化する装置等の提供行為として、民事措置や刑事罰の対象となる。

19. 正解　ア

経済産業省の「情報セキュリティ管理基準」における「情報セキュリティのための方針群」では、次のような事項を示している。

ア：誤った記述である。
　情報セキュリティ方針は、事業戦略によって生じる要求事項、規制、法令及び契約によって生じる要求事項を取り扱う。また、現在の及び予想される情報セキュリティの**脅威環境によって生じる要求事項を取り扱う**。

イ：正しい記述である。
　情報セキュリティ方針には、情報セキュリティマネジメントに関する一般的な責任及び特定の責任の、定められた役割への割当てに関する記載を含め、逸脱及び例外を取り扱うプロセスに関する記載も含める。

ウ：正しい記述である。
　情報セキュリティのための方針群は、あらかじめ定めた間隔で、または重大な変化が発生した場合に、それが引き続き適切、妥当かつ有効であることを確実にするためにレビューする。なお、各々の情報セキュリティのための方針には、その方針の作成、レビュー及び評価についての管理責任を与えられた責任者を置く。

エ：正しい記述である。
　情報セキュリティのための方針群のレビューには、組織環境、業務環境、法的状況または技術環境の変化に応じた、組織の情報セキュリティのための方針群及び情報セキュリティの管理への取組みに関する、改善の機会の評価を含める。

20. 正解 イ

個人情報保護委員会の「特定個人情報の適正な取扱いに関するガイドライン（事業者編）」において、全ての事業者は、個人番号の提供の求めの制限並びに特定個人情報の提供の制限及び収集等の制限の規定の適用を受けると示している。これらの規定の適用を受ける主な事務として、次のようなことが挙げられる。

ア：該当する事務である。
　　事業者が従業員等から個人番号の提供を受けて、これを給与所得の源泉徴収票、給与支払報告書、健康保険・厚生年金保険被保険者資格取得届等の必要な書類に記載して、税務署長、市区町村長、日本年金機構等に提出する事務

イ：該当しない。
　　原則として、個人番号の利用は、社会保障、税及び災害対策の分野に限られているため、勤怠管理や人事考課等の雇用管理については、個人番号を用いてはならない。

ウ：該当する事務である。
　　金融機関が顧客から個人番号の提供を受けて、これを配当等の支払調書に記載して税務署長に提出する事務

エ：該当する事務である。
　　激甚災害が発生したとき等において、金融機関が個人番号を利用して金銭を支払う事務

Ⅱ．情報資産に対する脅威と対策①

問1．

1．正解 ×

プリンタ機能やFAX機能、コピー機能などが搭載されている複合機については、印刷した用紙の取り違えや持ち去りなどによる情報漏えいを防ぐため、操作した本人が複合機のパネルを操作しないと出力されないようなシステムを導入するなどの対策を行う。
なお、複合機を人目につかない場所に設置した場合、不正使用につながることがあるため、<u>複合機はオフィス内の見えやすい位置に設置</u>する。

2．正解 ×

机の上に無造作に書類を置いておくと、その内容を読み取られ、情報が漏えいする場合もある。そのため、離席時にはクリアデスクの原則に従い、重要度が高い書類を使用していた場合は、<u>鍵のかかる机の引出しやキャビネットにしまっておく</u>。

3．正解 ○

重要度が高い紙媒体や記録媒体は、耐火金庫や鍵付きキャビネットなどで保管する。また、それらを設置してある部屋については、入室できる者を制限する。

4．正解 ×

セキュリティワイヤーとは、<u>パソコンなどの機器を机などに固定するための器具</u>であり、シリンダ錠やダイヤル錠などでロックする。これによって、パソコンなどの<u>不正な持出しや盗難を防止</u>することができるようになる。なお、製品によっては、使用していないポートを塞いで、ケーブルの不正な接続などを防止することができるものもある。

5．正解 ○

IPAの「組織における内部不正防止ガイドライン」の「個人の情報機器及び記録媒体の業務利用及び持込の制限」において、個人のノートPCやスマートデバイス等のモバイル機器及び携帯可能なUSBメモリ等の外部記録媒体の業務利用及び持込みを適切に制限しなければならないと示している。その具体例として、スマートデバイス等のモバイル機器や携帯可能なUSBメモリ等の外部記録媒体の利用を制限するソフトウェアを導入することで、個人の情報機器及び記録媒体による情報漏えいの対策を講じることが挙げられている。

6．正解 ×

業務で使用しているスマートフォンの紛失及び盗難に備え、SIMカードが不正に利用されないようにするため、PINコードによるロックを行う。また、重要なデータは本体やセットされている<u>micro SDカードには安易に保存せず、これら以外の別の媒体にバックアップを取る</u>ようにする。

7．正解 ○

入退管理に用いるIDカードの偽造防止策として、カードに本人の顔写真や社印などを印刷することが望ましい。さらに、不正使用への対策として、警備員を配置して保持者の顔とIDカードを照合し、本人確認を行う。

8．正解 ○

派遣先（自社）と派遣社員は雇用関係にないため、自社と派遣元とで守秘義務契約を締結し、さらに派遣社員の従事する場所を制限して、重要な情報を自由に参照できないようにする。

9．正解 ×

IPAの「中小企業における組織的なセキュリティ対策ガイドライン」の「情報セキュリティに対する組織的な取り組み」において、従業者（派遣を含む）に対し、セキュリティに関して就業上何をしなければいけないかを明示すると示している。その具体例として、在職中の機密保持義務を明確化するため、プロジェクトへの参加時など、具体的に企業機密に接する際に、<u>退職後の機密保持義務も含む誓約書を取る</u>ことが挙げられている。

10. 正解 ○

個人情報保護委員会の「個人情報の保護に関する法律についてのガイドライン（通則編）」の「委託先の監督」において、委託契約には、当該個人データの取扱いに関する、必要かつ適切な安全管理措置として、委託元、委託先双方が同意した内容とともに、委託先における委託された個人データの取扱い状況を委託元が合理的に把握することを盛り込むことが望ましいと示している。

11. 正解 ○

マイナンバー管理区域や重要度の高い書類・資料などの保管室の施錠管理として、入口の扉は常時施錠しておき、必要時のみ解錠する。
なお、マイナンバー管理区域とは、特定個人情報ファイル（マイナンバーをその内容に含む個人情報ファイル）を取り扱う情報システムを管理する区域のことであり、アクセス制限エリアに該当する。

12. 正解 ○

サーバ室内には作業に必要のないものを置いてはならず、置いてあった場合は速やかに撤去すべきである。

13. 正解 ○

サーバ室内で長時間作業を行う場合は1人では実施せず、必ず同伴者を伴わせるようにする。また、室内に設置する機器・設備の重要度に応じて、防犯カメラ、侵入報知機などの防犯設備の設置を検討する。

14. 正解 ×

情報セキュリティの対象として考慮すべき機器には、サーバラックやネットワーク関連機器、侵入検知システム、データバックアップ装置、電源装置などさまざまなものがある。これらのうち、特にネットワーク関連機器や情報セキュリティ上重要な機器類については、**設定などの情報は関係者以外には秘匿**する。

15. 正解 ○

落雷などの自然災害や電力インフラでの事故、大規模な点検・工事などに伴う電源切替えがあった際の電力供給への影響として、停電や瞬電（瞬断・瞬停）が発生する場合がある。なお、瞬電であっても、電子機器などへの影響が生じる可能性がある。

16. 正解 ×

大規模災害発生時など、トラフィックが集中してネットワーク機能が低下する輻輳に一時的に陥るケースがある。輻輳への対策として、**回線を二重化するなどにより可用性を向上させる**ようにする。

17. 正解 ○

バックアップシステムの運用方式の一つであるウォームサイトとは、一般的に、情報処理施設として必要最低限のインフラ設備やシステムに関わるリソースが用意されていて、主要なシステムの稼働に必要なハードウェアとソフトウェアの一式をあらかじめ保管している形態である。

18. 正解 ○

自然災害や電力障害などに備え、フォールトトレランスを十分に検討する必要がある。フォールトトレランスの具体例として、電源装置の二重化や、停電時に発電機を起動して電力供給を行うことなどが挙げられる。

19. 正解 ○

UPSは、無停電電源装置とも呼ばれ、これを設置することにより、停電が発生した際には、機器を安全にシャットダウンすることや、通信の切断を防ぐことなどができるようになる。

20. 正解 ×

災害などで主要な業務の続行が困難になった際に、代替拠点として使用する設備や施設は、**DR（ディザスタリカバリ）サイト**である。大規模な自然災害を想定し、DRサイトを**遠隔地に構築**したり、従来のオンプレミスからデータセンターへの移行などによる、災害発生時の対策を行うケースが多くなっている。

問2．

A．

1．正解　エ

脅威の分類とその例を、以下の表に示す。

分類	例		
人的・意図的脅威	通信への侵入、ユーザIDの偽り		資源の誤用、ユーザのエラー 空調故障
人的・偶発的脅威	送信エラー、ハードウェアの故障	電力の不安定	
環境的脅威	記録媒体の劣化、静電気		

2．正解　イ

入退管理を行う際、入室を許可されている人の後ろについて不正に入室してしまう<u>テイリング</u>や、すれ違いによる侵入などの脅威が存在する。不正行為をする者は、侵入することが最終目的ではなく、<u>テイリング</u>などによって不正侵入に成功した後に、オフィス内でののぞき見・盗み聞き、持出しにより情報を不正に入手することなどを目的とする場合もある。

<u>テイリング</u>への対策の一つとして、サークルゲートや<u>スイングゲート</u>などのセキュリティゲートの設置が挙げられる。これによって、一度に一人ずつしか入室を行えないようにして、不正な入室を阻止することができる。また、出入り口に<u>監視カメラ</u>を設置することで、不正侵入者をリアルタイムにチェックすることが可能となる。

なお、テイリングは、ピギーバックや共連れ侵入とも呼ばれる。

3．正解　イ

情報セキュリティ対策を講じるにあたり、従業員に対する情報セキュリティに関する教育を行う。情報セキュリティ教育は、<u>継続的</u>に、<u>かつ担当者が必要と判断した場合には随時</u>行う必要がある。<u>継続的</u>な情報セキュリティ教育の実施は、情報セキュリティポリシーを周知徹底することや、情報セキュリティの脅威と対策を理解させることだけではなく、コンプライアンスの観点からも重要となる。なお、情報セキュリティ教育の実施後は、必要な力量が持てたかどうかを確認するために、確認テストなどを実施する。また、理解度や情報セキュリティポリシーの遵守状況が悪い場合は、<u>フォローアップ教育</u>を行うようにする。

4．正解　エ

ノートパソコンなどのモバイル機器を外部に持ち出す際には、紛失や盗難の可能性があり、その場合は情報漏えいが発生してしまう。その対策として、ハードディスクに暗号化を施したり、<u>パスワードの入力により本人性</u>の認証を行うなどにより、物理的もしくは論理的に内部情報を読み取られる可能性を減らすようにする。つまり、<u>耐タンパ性</u>を高めることが必要となる。また、ユーザIDやパスワードを入力している様子を盗み見する<u>ショルダーハック</u>に対しては、ディスプレイに偏光フィルタを用いるといった対策も必要となる。

5．正解　ア

経済産業省の「情報セキュリティ管理基準」の「情報セキュリティ継続」において、組織は、困難な状況（例えば、危機または災害）における、情報セキュリティ及び情報セキュリティマネジメントの継続のための要求事項を決定すると示している。また、組織は、情報セキュリティの継続が「**事業継続**マネジメント」（BCM）プロセスまたは「**災害復旧**管理」（DRM）プロセスに織り込まれているか否かを判断し、**事業継続**及び**災害復旧**に関する計画を立てる場合に、情報セキュリティ要求事項を定めるとしている。さらに**事業継続**及び**災害復旧**に関する正式な計画が策定されていない場合において、情報セキュリティ要求事項が変わらず存続すると定められない場合には、情報セキュリティの側面について「事業影響度分析」（**BIA**）を実施し、通常の業務状況とは異なる困難な状況に適用できる情報セキュリティ要求事項を定めるとしている。

なお、「事業影響度分析」（BIA：Business Impact Analysis）は、ビジネスインパクト分析やビジネス影響度分析などとも呼ばれる。

B．

6．正解　イ

スキャベンジングとは、ごみ箱をあさるなどして、廃棄されている書類やメモから情報を収集する手法を指すが、ハードディスクやメモリなどに残っている情報を探し出して入手する手法などを指す場合もある。

7．正解　イ

入退管理システムにおいて、バイオメトリクス認証方式で認証情報として用いられる**虹彩**は、経年変化がなく、同一人物でも左右で異なるため、認証精度が高い。非接触方式であるが、システムによっては、認証時には読取り装置の位置や角度を調整する必要があるものもある。

なお、指紋認証は接触式であり、掌形認証や筆跡認証は経年変化が生じる場合があり、虹彩認証と比較すると、認証精度が低い場合が多い。

8．正解　ウ

NDA（Non-Disclosure Agreement）とは、知り得た重要な情報を第三者に漏えいさせないことなどを約束させる目的で取り交わされるものであり、守秘義務契約や非開示契約などとも呼ばれる。

9．正解　ア

自然災害の脅威の一つである**雷サージ**とは、雷によって発生し、電源線などに短時間で一時的に加わる過電圧や過電流であり、これが通信ケーブルなどを伝って屋内に侵入し、パソコンや通信機器などを損傷させる場合もある。

10．正解　エ

情報システムにおける**フェールソフト**とは、機器が故障しても一部の機能を減らして運転を続ける技術、または考え方である。

なお、フェールセーフとは、故障時には、システムを停止させるなどの安全な状態にさせる技術、または考え方のことである。

C．

11．正解　エ
物理的分離とは、セキュリティレベルごとに部屋やフロアを分ける対策のことであり、その一例として、<u>来客用応接室とサーバ室を隣接させない</u>ことが挙げられる。
なお、原則として、来客応接室などの一般エリアと、サーバ室や重要資料保管室などのアクセス制限エリアは隣接させない。

12．正解　エ
ソーシャルエンジニアリングとは、<u>話術や盗み聞き・盗み見などを利用し、人間の心理や行動の隙をつくことによって、情報を不正に取得する手法の総称であり、その一つとして、本人を装って電話でパスワードを聞き出すなりすまし</u>が挙げられる。

13．正解　ア
入退管理システムにバイオメトリクス認証方式を導入する際、読取り装置で読み取ったデータと、あらかじめ保管されている生体情報である保管データとの類似度に基づく判定値の設定に留意する。この判定値を閾値（しきい値）といい、安全性を重視した認証にする場合は、<u>本人拒否率が高く、他人受入率が低く</u>なるように閾値を設定する。
なお、本人拒否率が低く、他人受入率が高くなるように閾値を設定した場合は、利便性を重視した認証となる。

14．正解　ウ
通信ケーブル及び電源ケーブルについては、<u>ケーブル間の干渉を防止するため、通信ケーブルは電源ケーブルから隔離して配線</u>し、ケーブルを保護するための電磁遮蔽を利用する。

15．正解　イ
大規模な自然災害を想定し、BCMは、<u>緊急時だけではなく、平常時からの経営レベルの戦略的活動</u>として取り組むことが望ましい。

D．

16．正解　イ
　ア：適切な記述である。
　　　不要になった紙媒体を廃棄する際、ペーパーシュレッダーを利用して処分する場合は、ヌードルカット方式で裁断すると復元されやすく、情報漏えいの危険性が高まる。そのため、ダブルカット方式やパーティクルカット方式などで裁断し、復元されにくくする。
　イ：誤った記述である。
　　　書類は、分類基準（重要度や機密度）に応じて、保管・管理方法を決定する。その際、書類の管理番号・ID、分類基準、作成日、保管期間、管理主管部署などの情報をラベリングして管理する。なお、使用頻度が低く分類基準が高い書類と、使用頻度が高く分類基準が低い書類を管理する場合は、<u>管理主管部署が同一であっても、分類基準に応じて分離して保管</u>する。
　ウ：適切な記述である。
　　　経費節減などの目的で、ミスプリントや不要になった書類を「裏紙」として再利用した場合は、情報漏えいの危険性だけではなく、複合機の紙詰まりや故障の原因にもなることがある。そのため、紙媒体の再利用は安易に行わず、再利用に関するルールを策定しておく。
　エ：適切な記述である。
　　　情報漏えいを防ぐため、重要度が高い書類には、電子透かしや地紋印刷などの機能を利用して、コピーすると原本と複写した用紙の判別ができるようにしたり、スキャンした用紙に色がつき文字が読めないようにすることなどで、不正な複写やスキャンを防止する。

17. 正解　イ
   ア：適切な記述である。
      自社の社員が移送する場合は、ダイヤルロックなどの施錠ができるケースを利用し、盗難や紛失を防ぐため、移送の間はケースを手元から離さないようにする。また、書類などは不透明の封筒に入れ、封緘や目隠しシールなどの貼り付けを行う。
   イ：誤った記述である。
      郵送の場合は、媒体の不達や紛失・盗難などを防ぐため、送達過程が記録され実損額が賠償される**簡易書留**などを利用する。
   ウ：適切な記述である。
      運送業者を利用する場合は、媒体の不達や紛失・盗難などを防ぐため、位置情報を確認できる追跡サービスや、専用のセキュリティボックスなどを利用する。
   エ：適切な記述である。
      運送業者を利用する場合は、受渡しを確実にするため、発送の際は、発送日・到着予定日・内容物の概要・受取人・業者名などを台帳へ記録し、発送当日に発送した旨を受取人へ連絡する。また、到着予定日に受取人への到着確認を行い、到着確認後に台帳へその内容を記録する。

18. 正解　ウ
   ア：誤った記述である。
      来客者への対策として、来訪時に記入する管理簿には、来客者の氏名・所属、訪問先・訪問の目的などを記入してもらう。
      なお、来客者本人の住所・自宅電話番号などの個人を特定できる情報は個人情報に該当し、さらに**免許証番号は機微な個人情報であるため、これらを必要以上に取得するべきではない**。特に、**マイナンバーは、法律で定められた範囲以外の目的で利用することは禁止されている**。
   イ：誤った記述である。
      来客者への対策として、訪問時の内容を管理簿に記録したうえでゲストバッジを貸与し、入退室を管理する。それによって、行動の履歴を残すことが可能となる。また、**ゲストバッジをつけている来客者であっても、出入り可能なエリアを限定し、オフィス内での移動を制限する**。
   ウ：適切な記述である。
      清掃業者などの日常的にオフィス内に立ち入る業者に対しては、出入り可能なエリアを限定し、あらかじめ情報セキュリティの遵守や秘密保持に関する規定を盛り込んだ契約を交わす。また、マスターキーを業者に貸与する場合は、その管理が適切かどうかを、定期的に確認する。
   エ：誤った記述である。
      グループ会社の社員と自社内で協業する際、共有のフォルダやファイルを利用することがある。この場合、自社の社員と協業するグループ会社の社員に一律で同じアクセス権限を設定してしまうと、不要な情報開示や情報漏えいにつながる危険性がある。そのため、情報の機密性や完全性を保つことから、**自社の社員とグループ会社の社員には、異なるアクセス権限を設定する必要がある**。

19. 正解　ウ

経済産業省の「情報システム安全対策基準」における「運用基準」では、次のような内容を示している。

ア：正しい記述である。
　　情報システム等の運用計画は、集中、分散処理の形態に応じて策定すること。また、運用計画は、リスク評価に基づく災害、障害、故意及び過失の安全対策を盛り込むこと。

イ：正しい記述である。
　　災害発生時は、災害時対応計画に沿って速やかに情報システム等の被災程度を調査及び分析すること。また、被災程度に応じて、予め定められた災害時運用マニュアルに沿い、業務再開方式を決定すること。

ウ：誤った記述である。
　　データ等及び記録媒体は、集中、分散処理の形態に応じて、定められた場所に保管すること。また、記録媒体の保管設備の鍵は、**特定者が管理し、記録媒体の保管状況は、特定者が定期的に点検**すること。

エ：正しい記述である。
　　関連設備、防災設備及び防犯設備の変更、増設等に当たっては、情報システムの正常な動作に影響を与えない措置を講ずること。また、定常時及び災害、障害時の措置を定めた関連設備、防災設備及び防犯設備の取扱いマニュアルを常備すること。

20. 正解　エ

個人情報保護委員会の「個人データの漏えい等の事案が発生した場合等の対応について（平成29年個人情報保護委員会告示第1号）」における「漏えい等事案が発覚した場合に講ずべき措置」では、次のような内容を示している。

ア：正しい記述である。
　　事業者内部における報告及び被害の拡大防止として、責任ある立場の者に直ちに報告するとともに、漏えい等事案による被害が発覚時よりも拡大しないよう必要な措置を講ずる。

イ：正しい記述である。
　　漏えい等事案の事実関係の調査及び原因の究明に必要な措置を講じ、把握した事実関係による影響の範囲を特定する。また、これらの結果を踏まえ、漏えい等事案の再発防止策の検討及び実施に必要な措置を速やかに講ずる。

ウ：正しい記述である。
　　影響を受ける可能性のある本人への連絡等として、漏えい等事案の内容等に応じて、二次被害の防止、類似事案の発生防止等の観点から、事実関係等について、速やかに本人へ連絡し、または本人が容易に知り得る状態に置く。

エ：誤った記述である。
　　事実関係及び再発防止策等については、漏えい等事案の内容等に応じて、二次被害の防止、類似事案の発生防止等の観点から、**事実関係及び再発防止策等について、速やかに公表**する。

Ⅲ. 情報資産に対する脅威と対策②

問1．

1．正解　○

経済産業省の「コンピュータ不正アクセス対策基準」の「システム管理者基準」において、システムユーザ管理として、システムユーザの登録は、必要な機器に限定し、システムユーザの権限を必要最小限に設定することと示している。また、特権を付与する場合は、当該システムユーザの技術的能力等を考慮することとしている。

2．正解　○

ワームとは、他のプログラムに寄生して、そのプログラムの動作を妨げたり、ユーザの意図に反し、有害な作用を及ぼす不正なプログラムであり、単体での存在が可能で、自己増殖機能を持つ。

3．正解　×

主に犯罪行為をする目的で作られた不正プログラムの総称は、**クライムウェア**である。大半は自己増殖することがないトロイの木馬型であり、コンピュータに密かにインストールされ、個人情報を盗み出したり、オンラインバンキングの口座の乗っ取りや、金銭の詐取などを行う。

4．正解　○

暗号の安全性が危ぶまれる事態を暗号の危殆化といい、暗号を実装したソフトウェアやハードウェアに問題がある場合や、暗号を利用したシステムにおける運用上の問題が生じた場合などの局面が該当する。

5．正解　×

公開かぎ暗号方式の一つであり、エルガマル署名を改良して作られた暗号方式は、**DSA**である。DSAは、かぎ長が1,024bit以下で、署名かぎの生成などを特定の方法で運用するデジタル署名に利用される。
なお、RSAとは、公開かぎ暗号方式の一つであり、暗号を解読するのに非常に大きな素因数分解を行う必要があるため、効率的な解読方法は発見されていない。

6．正解　×

PKIとは、公開かぎ暗号方式を利用するための周辺技術や概念、公開かぎ暗号技術を応用して構築される環境などの総称であり、メッセージやデータの完全性・非否認性確保、本人認証などをする。PKIに関連したセキュアなプロトコルとして、**SSLやTLS、S/MIME**などが挙げられる。

7．正解　○

パスワードクラックに用いられる手法の一つであるブルートフォース攻撃は、総当たり攻撃とも呼ばれ、パスワードの文字列として考えられるすべての組合せを試行する攻撃である。また、パスワードを固定し、ユーザIDを変えて攻撃を試みる、リバースブルートフォース攻撃という手法もある。

8．正解　×

Webサイトで実行される簡易的なプログラムを悪用した攻撃は、**クロスサイトスクリプティング**である。ぜい弱なWebサイトをターゲットとして、悪意のあるサイトから簡易的なプログラム（スクリプト）をユーザに送り込み、Cookieを窃取して個人情報を漏えいさせたり、ファイルを破壊するなどの攻撃を行うものである。

9．正解　○

あるユーザがWebサイトへのアクセスを開始してから終了するまでの一連のやりとりに対し、不正に介入する攻撃をセッションハイジャック攻撃といい、その手法として中間者攻撃やブラインドハイジャックなどがある。

10. 正解 ○

バナーチェックとは、ネットワーク経由での不正侵入を行う際、ターゲットのコンピュータに侵入可能な弱点があるかどうかを事前に調べる手法の一つである。例えば、サーバで動作しているサービスに対してコマンドを実行し、その応答メッセージからアプリケーションの種類やバージョンなどの調査を行う。

11. 正解 ○

システム管理者は、不正プログラム対策を円滑に行うため、ネットワークの管理体制を明確にし、緊急時の連絡体制やコンティンジェンシープランを定め、それらを周知・徹底する。
なお、コンティンジェンシープランは、緊急時対応プランなどとも呼ばれる。

12. 正解 ×

企業内ネットワークにおいて、物理的な接続形態を変えずに、クライアントの仮想的なグループを設定するのは、<u>VLAN</u>である。これによって、ユーザの属性ごとに、無線LANから利用できる情報資産を制限することができるようになる。

13. 正解 ×

ネットワークシステムなどを実際に攻撃して侵入を試みることにより、コンピュータやネットワークシステムのぜい弱性を発見する手法は、<u>ペネトレーションテスト</u>である。特に、ネットワークに接続された情報システムが外部からの攻撃に対して堅牢かどうか、実際に攻撃を試しながら安全性の検証を行う。

14. 正解 ○

サーキットゲートウェイは、トランスポートゲートウェイとも呼ばれ、OSI基本参照モデルのトランスポート層でアクセス制御を実現する方式である。この方式では、ポート番号やIPアドレスごとにルールを設け、それにもとづいて中継を行う。

15. 正解 ○

ブラウザクラッシャーとは、閲覧者のWebブラウザに過剰な負荷をかけたり、ブラウザのセキュリティ上の弱点をついて、ブラウザやネットワークシステムを異常動作させるなどの悪質なWebページ、またはそのようなプログラムの総称である。

16. 正解 ×

スパイウェアなどの不正プログラムの拡散や、不正なWebサイトへのリダイレクトなどを行う、悪質なオンライン広告は、<u>マルバタイジング</u>である。

17. 正解 ×

Wi-Fi Allianceにより規格化されている、無線LANクライアントとアクセスポイントとの接続に関する認証方式及び通信内容の暗号化方式を包含した規格は、<u>WPA2</u>である。WPA2は、NISTが定めた暗号化標準のAESを採用している。
なお、WEPとは、IEEE 802.11で規定されている無線LANの暗号化方式であるが、安全性に問題があるため、現在では使用が推奨されていない。

18. 正解 ×

メールサーバにおけるフォールスポジティブとは、誤検知のことであり、正規のメールをスパムメールとして誤って判断してしまうことである。
なお、検知漏れのことであり、スパムメールを正規のメールとして誤って判断してしまうのは、<u>フォールスネガティブ</u>である。

19. 正解 ○

RASISとは、狭義の信頼性(Reliability)・可用性(Availability)・保守性(Serviceability)・保全性(Integrity)・安全性(Security)の5項目の頭文字をとったものであり、コンピュータシステムに関する広義の信頼性の評価指標の一つである。

20. 正解 ○

経済産業省の「情報セキュリティ管理基準」の「媒体の取扱い」において、組織が採用した分類体系に従って、取外し可能な媒体の管理のための手順を実施すると示している。具体的には、保管されたデータがまだ必要な間に媒体が劣化するリスクを軽減するため、読み出せなくなる前にデータを新しい媒体に移動することや、価値の高いデータは、一斉に損傷または消失するリスクをより低減するために、複数の複製を別の媒体に保管することなどが挙げられている。

問2

A.

1. 正解 ウ

コンピュータシステム上のファイルやディレクトリなどに対し、誰にアクセスを許可するのか、あるいは誰にアクセスを禁止するのかを記述したリストを**ACL**という。**ACL**を使ったアクセス管理には、**MAC**方式と**DAC**方式がある。

MAC方式は、強制アクセスコントロールとも呼ばれ、セキュリティ管理者のみがアクセス権限を変更することができる。つまり、**MAC**方式では、アクセス権限を与えられるユーザやシステム管理者でも、アクセス権限を変更することができないため、高いレベルでセキュリティを確保できる。一方、**DAC**方式は、自由裁量的アクセスコントロールとも呼ばれ、セキュリティ管理者が、対象となる情報資源の所有者などにアクセス権限の設定を委ねる。そのため**DAC**方式では、設定ミスや悪意があった場合には、セキュリティの確保が難しくなる。

2. 正解 ア

ログはセキュリティ侵犯時のみならず、ハードウェアやソフトウェアの障害時にも重要な情報源として使用することができるため、ログを確実に収集することは、システムを守る面でも非常に重要である。また、複数のサーバなどで同期をとる場合は、そのキーとなる時刻を合わせる必要もある。TCP/IPでは、**NTP**を使用して**NTP**サーバから時刻を取得し、**SNTP**を用いて時刻の同期を行う。なお、ログの保管に関しては**完全性**を保つことに注意し、**取得したログの保管期間はある程度長く**設定するとよい。

3. 正解 イ

暗号とは、ある一定の法則に従ってデータを変換し、元のデータを当事者以外には知られないようにする技術であり、この「一定の法則」を**アルゴリズム**という。また、暗号化または復号に使うかぎが何bitあるかを「かぎの長さ」といい、かぎを短くすると安全性は**低下する**が、暗号化・復号の処理が**速くなる**という特徴がある。

なお、暗号機能を利用する際、かぎの保護やシステムへ暗号を組み込む場合の保守性を考慮すると、暗号**モジュール**を利用するのが一般的である。暗号**モジュール**とは、暗号機能を有するソフトウェア、ファームウェア、ハードウェア、もしくはその組合せを指すものである。

4. 正解 イ

共通かぎ暗号方式には、**ストリーム**暗号と**ブロック**暗号があり、さらに**ストリーム**暗号には、同期式暗号と非同期式暗号がある。

共通かぎ暗号方式の代表的なものとして、RCや**DES**などが挙げられる。RCは、**DES**よりも高速な処理が可能な暗号化の規格の総称であり、**ストリーム**暗号の一種である**RC4**や、**ブロック**暗号の一種であるRC2やRC5などがある。一方、**DES**は、米国政府が標準化した56bitの**ブロック**暗号の規格であるが、強度に問題があるため、**DES**を応用して強度を上げたトリプル**DES**という暗号もある。

5．正解　エ

DoS攻撃は、サービス拒否攻撃などとも呼ばれ、サービスの妨害や停止を行う攻撃全般を指す総称である。攻撃手法として、**LAND攻撃**や**リロード攻撃**、**TEAR DROP攻撃**などがあり、これらの手法とその概要を、以下の表に示す。

手法	概要
LAND攻撃	発信元を送信先と同じものに偽造したSYNパケットを送信し、送信相手を無限ループに陥れる攻撃である。
リロード攻撃	Webブラウザの再読込み機能を何度も連続して行うことによって、大量のページ送信要求を送り、Webサーバに過大な負荷をかけて停止させるなどの攻撃である。
TEAR DROP攻撃	IPパケットの順番を示す情報を偽造し、ターゲットに送りつける攻撃である。それを受け取った側では、同じ情報を重複して含む不正なIPパケットを組み立てる処理でエラーが発生し、処理が停止してしまう。

B．

6．正解　イ

ネットワークを経由した攻撃にはさまざまな手法があり、ここ数年は**APT**が特に問題となっている。**APT**は、標的型諜報攻撃や標的型サイバー攻撃、持続的標的型攻撃など、さまざまな呼び方がある。また、いわゆる標的型攻撃と同義語とみなされる場合もあるが、その実態や意味合いなどによりさまざまなパターンが存在する。

典型的な標的型攻撃は、【図2B】のような段階を踏んで実行されることが多い。

【図2B：標的型攻撃の流れ】

①の段階では、ターゲットとなる組織を攻撃するための情報の収集を行い、②の段階では、不正プログラムを混入した添付ファイルを電子メールで送信したり、Webサイトを閲覧させるなどにより、不正プログラムに感染させる。なお、このようなメールは、標的型攻撃メールなどとも呼ばれ、**EXEやZIP**などの形式のファイルが添付されていることが多く見受けられる。また、メールの受信者に不正なファイルだと気づきにくくさせるため、添付ファイルのアイコンを偽装したり、**LNK**形式のショートカットファイルを悪用したりすることもある。

7．正解　ウ

【図2B】の②の段階で送信する標的型攻撃メールに添付されている不正プログラムには、さまざまな種類があり、代表的なものとして**トロイの木馬**が挙げられる。**トロイの木馬**は、悪質ではないプログラムのように見せかけるものであり、PlugXやElirksなどの**トロイの木馬**型の不正プログラムが、標的型攻撃に使用されたことがある。また、オフィスソフトのぜい弱性が発見されてから修正プログラムが提供されるまでの期間に、そのぜい弱性を狙う**ゼロデイウイルス**が添付されていたり、オフィスソフトで作成された文書に、不正プログラムを**OLE**オブジェクトとして埋め込んだファイルが添付されている場合もある。この場合は、文書ファイルを開いてそのオブジェクトをクリックして実行すると、不正プログラムに感染してしまう。なお、**OLE**とは、OSの機能や仕様の一つで、複数のソフトウェアが連携したり、データを共有したりするための仕組みのことである。

8. 正解　エ

【図2B】の②の段階では、不正なプログラムを添付したメール以外にも、メール本文に記載したリンクをクリックするように促して不正なWebサイトに誘導し、不正プログラムに感染させる手法がある。これはフィッシングメールの手法と似ているが、標的型攻撃メールは**特定の企業や個人をターゲットにする**という点で、フィッシングメールとは異なる。そのため、フィッシングメールと比較すると、標的型攻撃メールの場合は警戒心が薄れる傾向にあるといえる。

また、不正プログラムに感染させる方法はメールだけではなく、ターゲットとなるユーザが普段アクセスするWebサイトを改ざんし、そのサイトを閲覧しただけで不正プログラムに感染するように仕掛ける手法がある。これが、**水飲み場型攻撃**である。**水飲み場型攻撃**は、Webサイトを閲覧しただけで、不正プログラムを自動的にインストールする**ドライブバイダウンロード攻撃**を標的型攻撃に応用したものであり、普段アクセスするWebサイトに対する安心感や信頼感を逆手にとった手口といえる。

9. 正解　ア

【図2B】の②の段階で初期潜入に成功した攻撃者は、③の段階へと進み、ターゲットの内部ネットワークで攻撃活動を行うための下準備をする。攻撃者は、ターゲットのコンピュータに**バックドア**を仕掛け、それによって外部の**C&Cサーバ**と通信を行い、ターゲットのコンピュータに遠隔から命令を送り、新たな**RAT**に感染させる。なお、**RAT**とは、遠隔操作ウイルスのことであり、遠隔操作を確実、かつ継続的に行えるよう、複数の**RAT**に感染させることもある。

その後、④の段階に進み、遠隔操作によってターゲットへの攻撃に必要な不正プログラムを送り込み、ターゲットの内部ネットワークの調査や管理者権限の奪取などを行う。さらに、⑤の段階に進み、ターゲットの内部情報の窃取などの不正な活動を行う。

10. 正解　イ

標的型攻撃による被害を防止するためには、【図2B】の②の段階で行われる、標的型攻撃メールへの対策が重要となる。標的型攻撃メールに対する従業員への教育は欠かせないが、最近では手口が巧妙になっているため、標的型攻撃メールかどうかの判断が難しい場合がある。そこで、**送信ドメイン認証**の認証結果を利用することにより、正規のドメインを詐称して送信された標的型攻撃メールかどうかを特定する手がかりとなる。これは、スパムメールやフィッシングメールなどの不審メールに対しても有効となる。

送信ドメイン認証は、電子メールの送信者情報のうち、ドメイン部分の正当性の確認を目的として行われ、代表的なものとして**DKIM**と**SPF**の2種類の規格が挙げられる。**DKIM**は電子署名をもとに、**SPF**は電子メールの送信元のIPアドレスをもとに、それぞれメール送信者情報のドメインの正当性を評価する。**送信ドメイン認証**を導入することにより、受信者側はメールの送信者情報や**エンベロープ**情報から送信元の正当性を確認することが可能になり、なりすましが行われた場合はそれを検出できることになる。なお、**エンベロープ**は、SMTPを使って通信する際に使用され、宛先アドレスとなる**To**と、送信者アドレスとなる**From**とがある。

C.

11. 正解　エ

経済産業省の「コンピュータウイルス対策基準」では、コンピュータウイルスを、第三者のプログラムやデータベースに対して意図的に何らかの被害を及ぼすように作られたプログラムであり、自己伝染機能、**潜伏機能、発病機能**を一つ以上有するものと定義している。

12. 正解　ウ

ボットとは、ネットワークを通じてコンピュータを外部から操る不正プログラムであり、これに感染したコンピュータは、外部からの指示に従って不正な処理を実行してしまう。

13. 正解　エ

　ルートキットとは、悪意のある第三者が、不正侵入した後に利用するソフトウェアをまとめた一連のパッケージのことである。また、侵入したコンピュータへ継続的にリモートアクセスするためのツール一式を、素早く導入するといった目的を持つ不正プログラムを指す場合もある。

14. 正解　ア

　不正プログラムの検出方法の一つである**ヒューリスティック検知**方式は、検査対象のプログラムの特徴的な挙動を分析してルール化し、ルールや経験則などをもとに、そのプログラムを不正プログラムとして判定する方式である。
　なお、パターンマッチング方式とは、不正プログラムの特徴をパターンファイル（定義ファイル）に登録しておき、パターンファイルと検査対象のプログラムを照合して、パターンファイルとの一致がみられると、それを不正プログラムとして判断する方式である。

15. 正解　ア

　公開かぎ暗号方式を利用する際、n人の間で使用するネットワークで必要となるかぎの個数は**２n**個である。なお、n（n－１）／２個のかぎが必要となるのは、共通かぎ暗号方式である。

16. 正解　ウ

　トークンカードとは、認証に用いる情報の生成や表示のために使われる装置であり、ワンタイムパスワードの場合は、ログイン回数や現在時刻をもとに、その場限りの有効なパスワードが表示される。

17. 正解　イ

　SEOポイズニングとは、検索エンジンの最適化機能を悪用し、不正プログラムなどが含まれる悪質なWebサイトを、検索結果の上位に表示させることである。

18. 正解　イ

　NAPTとは、1つのグローバルアドレスに対し、複数のプライベートアドレスを割り当てる技術であり、**IPマスカレード**とも呼ばれる。

19. 正解　ウ

　MDMとは、業務で使用するスマートフォンやタブレットPCなどの携帯端末を、一元的に管理するための仕組み、またはそれを実現するためのツールを指すものである。

20. 正解　エ

　デジタルフォレンジクスとは、不正アクセスや情報の漏えいなどのコンピュータに関する犯罪や法的紛争が生じた際、状態を詳細に調査し、法的な証拠性を明らかにする手段や技術の総称である。
　なお、ファジングとは、検査対象のソフトウェアなどにファズと呼ばれる問題を引き起こしそうなデータを大量に送り込み、その応答や挙動を監視することでぜい弱性を検出する手法である。ファズテストとも呼ばれる。

D.

21. 正解　ア

RAID 0では、複数台のハードディスクにデータを分散して書き込む。これを<u>ストライピングといい、処理時間の高速化が図れる</u>。

なお、RAID 1では、複数台のハードディスクに同時に同じ内容を書き込む。これをミラーリングといい、耐故障性が高くなる。

22. 正解　イ

ランサムウェアとは、<u>感染したコンピュータのデータを暗号化したり、システムをロックするなどにより制限をかけ、データの復号や制限の解除と引き替えに、金銭などを要求する不正な</u>ソフトウェアである。

なお、技術的な検証を目的として試験的に作成されたコンピュータウイルスは、コンセプトウイルスである。感染しても、コンピュータに障害をもたらす危険性が低い。

23. 正解　ア

ハッシュ関数の特徴の一つとして、<u>異なる入力データから同じ出力結果が得られる可能性が非常に低い</u>ことが挙げられる。

24. 正解　エ

不正プログラムに感染した際、最初に行うべき対応は、<u>感染したコンピュータを、ネットワークから直ちに切り離す</u>ことである。

これは、ネットワーク内での感染の拡大を防ぐためである。切り離した後は、ネットワーク管理者やセキュリティ管理者に報告し、指示を仰ぐ。

25. 正解　ウ

リプレイ攻撃とは、<u>パスワードや通信内容などを盗聴し、それをそのまま再利用することでそのユーザになりすます</u>手法であり、反射攻撃とも呼ばれる。

なお、pingコマンドを使って65,536Byteより大きなサイズのIPパケットを送りつけ、ターゲットとなるサーバの処理能力を低下させる攻撃はPing of Deathであり、大容量のメールや大量のメールを繰り返し送りつけ、ターゲットとなるサーバの処理能力を低下させる攻撃はメールボムである。

26. 正解　イ

パスワードリスト攻撃に遭わないようにするため、<u>複数のWebサービスで、ユーザID・パスワードの使い回しをしない</u>ことが挙げられる。

なお、パスワードリスト攻撃とは、別のサービスやシステムから流出したアカウント情報を用いるなど、何らかの方法で事前に入手したアカウント情報を流用し、それらのユーザIDとパスワードを入力することで、ログインに成功するかどうかを試みる手法である。

27. 正解　ア

無線LANでは、アクセスポイントに無線端末のMACアドレスを送信する。このとき、MACアドレスが<u>暗号化されていないため、MACアドレスの盗聴によってなりすましが可能となってしまう</u>。

そのため、無線LANにおいては、暗号化やESSIDステルスなどの、複数の対策を併用する必要がある。

28. 正解　ウ

リバースプロキシを<u>利用することによって、セキュリティの保持に加え、サーバの負荷の軽減や通信回線の帯域の制御</u>が可能となる。

29. 正解　エ

DNSサーバの脅威への対策として、セキュリティパッチの適用や、<u>デジタル署名を使用した認証の導入</u>などが挙げられる。

30. 正解　ア

BYODを採用した場合、<u>個人所有の端末を業務に使用するため、重要な情報が社外に持ち出される状況が発生しやすくなる</u>ことなどがリスクとして想定される。

なお、BYODとは、従業員が個人で所有しているスマートフォンなどの、私物の端末を業務に活用する形態のことである。

E．

31. 正解　ウ

ファーミング詐欺とは、実在の金融機関やオンラインショッピングのサイトなどに酷似した偽りのWebサイトを作り、DNSサーバの情報を書き換えることによってユーザをそのサイトに誘導して、暗証番号やクレジットカード番号などの個人情報を詐取する手法である。

なお、サイトの利用には料金が必要であるという規則を利用者に示していないか、またはわかりにくい方法で示して、特定のWebページへのリンクをクリックした利用者に対し、支払いを強制する文面を提示して、料金を詐取しようとする手法は、ワンクリック詐欺である。また、気付かれないほどの少額を、多くの人から詐取する手法は、サラミテクニックである。金融関係のシステムの開発者がプログラムに細工を施し、本来は切り捨てられるはずの利子の端数を自分の口座に振り込むようにした事例もある。

32. 正解　イ

電子証明の技術に関する記述は、次のとおりである。

> **タイムスタンプ**は、電子文書の元の状態（原本）を「電子文書のハッシュ値」という方法で記憶しているため、**タイムスタンプ**によって電子文書の原本性証明を実現することができる。これを利用したものが、**タイムスタンプ**サービスである。このサービスでは、法的な文書や契約書などの公正性を求められる電子書類などを扱う際に、そのデータに対して、ある時点での存在を証明する「存在証明」と、その時点以降にデータが改ざんされていないことを証明する「原本性保証」の2点について、第三者機関によって保証される。

33. 正解　エ

SQLインジェクションとは、データベースを使用した認証において、変数部分に別のプログラムを埋め込み、不正な処理を実行させるという攻撃のことである。

SQLインジェクションへの対策として、次のようなことが挙げられる。

- 開発用のエラーメッセージを、Webページに表示させない。
- データベースのアカウント権限を、正しく設定する。
- 入力パラメータ（実際の値が実行時に取り込まれることを示す位置指定子）のチェック処理を行うようにする。
- 特殊文字の「¥」を「¥¥」に置き換えるなどの、エスケープ処理を実施する。

34. 正解　エ

データサルベージとは、故障などにより、ハードディスクなどの電子媒体のデータが読み取れなくなった場合、その媒体からデータを読み取って復旧させることである。この技術を悪用し、データを完全に消去していない状態で廃棄されていた電子媒体からデータを盗み出す手法もある。この対策として、ハードディスクなどを処分する際は、情報の読み取りが不可能な状態にしてから廃棄することが挙げられる。

35. 正解　イ

記憶媒体の特徴として、次のようなことが挙げられる。

- DLTは、シーケンシャルアクセスであるため、アクセス時間が遅いが、他の媒体と比較するとbitあたりの単価が安くなることから、データのバックアップなどに使用される。
- DVD-RWとDVD+RWは、データの読取りや書込みを複数回実行できるため、誤った上書きなどが発生する場合がある。
  なお、ライトワンスタイプのDVDは、DVD-ROMやDVD-R、DVD+Rである。
- ハードディスクは、容量の大きいファイルの書込み・削除を繰り返した場合、ディスク内に断片化が生じ、それによってコンピュータの動作が遅くなることがある。
- USBメモリの自動再生機能を有効にしておくと、それを悪用した不正プログラムに感染する危険性がある。

F．

36. 正解　エ

不正アクセスを目的とするネットワーク侵入の手口は、一般的に、事前調査・権限取得・不正実行・後処理という4つの段階で行われるケースが多い。

- ア：適切な記述である。
  事前調査の段階では、侵入や攻撃のために必要な情報の事前収集を行う。その手法の一つであるポートスキャンとは、ポート番号を順番に試してアクセスしていき、ターゲットのサーバで動作しているOSやアプリケーションなどに、ぜい弱性があるかどうかの調査をすることである。
- イ：適切な記述である。
  権限取得の段階では、事前調査で情報を収集した結果、侵入可能と判断した場合、操作や処理を実行するための権限を、パスワードクラックなどにより不正に取得する。その手法の一つである辞書攻撃とは、辞書などに載っている単語やパスワードに使われる可能性がある単語などを順にパスワードとして試していき、パスワードを推測する手法である。
- ウ：適切な記述である。
  不正実行の段階では、盗聴や破壊、改ざん、不正プログラムの埋込みなどを行う。また、スパムメールの配信や不正アクセスを行う際の中継地点として、第三者のコンピュータを踏み台として利用する場合もある。
- エ：誤った記述である。
  後処理の段階では、侵入の形跡を消すための隠蔽工作を行う。また、次回の侵入を容易にするために、**バックドアを仕掛ける**場合もある。

37. 正解　ウ

ア：誤った記述である。
IPsecの仕様の一部であるESPは、**暗号ペイロードヘッダ**のことであり、IPパケットのデータを暗号化することにより、盗聴や改ざん、偽造などの防止が可能となる。

イ：誤った記述である。
IPsecの仕様の一部であるAHは、**認証ヘッダ**のことであり、IPパケットの完全性の保証と認証のための仕組みである。AHでは、通信の内容の暗号化は行わず、データは平文で送受信される。

ウ：適切な記述である。
IPsecのカプセル化のモードの一つであるトランスポートモードでは、ホストがIPパケットを送信する際にIPsecを使用し、IPヘッダを暗号化せずにデータ部のみが暗号化される。そのため、エンドツーエンドでの通信に使用される。

エ：誤った記述である。
IPsecのカプセル化のモードの一つであるトンネルモードでは、IPsecを使用してIPパケット全体が暗号化され、そこに新しいIPヘッダが付加されて送信される。なお、**パケットが長くなるため、フラグメントによりレスポンスが悪くなったり、スループットが低下する場合がある**。

38. 正解　エ

ア：適切な記述である。
ネットワークセグメントの一つである非武装セグメントは、DMZとも呼ばれ、ある程度セキュリティを保ちながら外部に公開するセグメントであり、多くの場合、Webサーバやメールサーバなどを設置する。

イ：適切な記述である。
侵入検知システムの一つであるホスト型IDSは、インストールした機器の一部を使用するため、リソースやCPU資源などを消費してしまうことから、処理能力の低下が問題になる場合がある。

ウ：適切な記述である。
侵入検知システムの一つであるネットワーク型IDSでは、監視の対象となるネットワーク上のすべてのパケットを解析するため、処理量が多くなることから、処理能力の低下による検出の遅れなどに注意が必要となる。

エ：誤った記述である。
IPSは、侵入防止システムとも呼ばれ、ファイアウォールと連携し、不正アクセスを検知して侵入の遮断を動的に行う。IDSと同様に、検知の方法にはシグネチャ型とアノマリ型があり、これらのうちのシグネチャ型は、**既知の攻撃パターンを登録しておくため、新しい攻撃パターンにはあまり効果を発揮できない**。

39. 正解 ウ

経済産業省の「情報セキュリティ管理基準」における「バックアップ」では、次のような事項を示している。

- ア：正しい記述である。
  バックアップ方針を確立し、情報、ソフトウェア及びシステムイメージのバックアップに関する組織の要求事項を定める。また、災害または媒体故障の発生の後に、全ての重要な情報及びソフトウェアの回復を確実にするために、適切なバックアップ設備を備える。
- イ：正しい記述である。
  バックアップの範囲（例えば、フルバックアップ、差分バックアップ）、及びバックアップの頻度は、組織の業務上の要求事項、関連する情報のセキュリティ要求事項、及びその情報の組織の事業継続に対しての重要度を考慮して決定する。
- ウ：誤った記述である。
  バックアップに用いる媒体の試験は、データ復旧手順の試験と併せて行い、必要なデータ復旧時間に照らし合わせて確認する。また、バックアップデータを復旧させる能力の試験は、バックアップ手順またはデータ復旧プロセスに失敗し、データに修復不能な損傷又は損失が発生した場合に備えて、**原本の媒体に上書きするのではなく、専用の試験媒体を用いて行う**。
- エ：正しい記述である。
  機密性が重要な場合には、暗号化によってバックアップ情報を保護する。また、永久保存する複製物に関するあらゆる要求事項を考慮に入れて、不可欠な業務情報の保管期間を決定する。

40. 正解 ウ

IPAの「中小企業における組織的な情報セキュリティ対策ガイドライン」における「情報システムのアクセス制御の状況及び情報システムの開発、保守におけるセキュリティ対策」では、次のような事項を示している。

- ア：正しい記述である。
  情報や情報システムへのアクセスを制限するために、利用者IDの管理を行うこと。例えば、離席する際は、パスワードで保護されたスクリーンセーバーでパソコンを保護すること。
- イ：正しい記述である。
  重要な情報に対するアクセス管理方針を定め、利用者毎にアクセス可能な情報、情報システム、業務アプリケーション、サービス等を設定すること。また、職務の変更や異動に際して、利用者のアクセス権限を見直すこと。
- ウ：誤った記述である。
  無線LANにおいて重要な情報の通信を行う場合は、暗号化通信（WPA2等）の設定を行うこと。また、無線LANの使用を許可する端末（MAC認証）や利用者の認証を行うこと。
  なお、ESSIDブロードキャストとは、アクセスポイントが自らの存在を知らせるためにビーコン信号を発することであり、ESSIDステルスとは、アクセスポイントが発するビーコン信号を停止する機能である。従って、正規のユーザ以外による不正アクセスを防止するためには、**ESSIDブロードキャストをしない設定、つまり、ESSIDステルス機能を有効にする必要がある**。
- エ：正しい記述である。
  ソフトウェアの選定や購入、情報システムの開発や保守に際して、情報セキュリティを前提とした管理を行うこと。例えば、外部委託によるソフトウェア開発を行う場合、使用許諾、知的所有権などについて取り決めていること。

Ⅳ. コンピュータの一般知識

問1．

1．正解　×

データの容量は、次のように表すことができる。

単位	比較
KB（キロバイト）	1KB ≒ 1,000B
MB（メガバイト）	1MB ≒ 1,000KB
GB（ギガバイト）	1GB ≒ 1,000MB
TB（テラバイト）	1TB ≒ 1,000GB
PB（ペタバイト）	1PB ≒ 1,000TB

2．正解　○

MP3とは、MPEG1の音声部分の圧縮アルゴリズムのうち、レイヤ3と呼ばれるアルゴリズムによって圧縮される音声ファイルの名称であり、人間が聞き取りにくい部分の音声データを取り除くことによって、高い圧縮率を得る非可逆圧縮方式を採用している。

3．正解　○

ネットワークで接続された複数のコンピュータが抽象化され、実体を意識することなく利用可能な処理形態をクラウドコンピューティングといい、これを利用したサービスには、SaaSやIaaS、PaaSなどの種類がある。

なお、SaaSは、インターネット上に保存したデータを、複数のユーザで共有・編集・管理することが可能であり、IaaSは、利用するには専門的な知識が必要となるが、自由度の高いプラットホームを構築することが可能となる。また、PaaSは、クラウド上に用意された仮想のコンピュータに加えて、開発環境やデータ処理のためのミドルウェアやユーザインタフェースモジュールなどの、コンピュータを使いこなすためのツールもセットにして提供している。

4．正解　×

OCRは、光学式文字読取り装置とも呼ばれ、文字が書かれた紙に光を当てて、反射した光の強弱によって文字や記号を読み取る装置である。

なお、光学式マーク読取り装置とも呼ばれているのは、**OMR**である。OMRは、マークシートに光を当てて、黒く塗りつぶされたマークの有無を読み取る。

5．正解　○

出力装置の一つであるペンプロッタとは、ペンをX軸とY軸に移動させて図面を印刷する装置であり、単にプロッタと呼ばれることもある。

6．正解　○

プリンタの種類による特徴の違いを、以下の表に示す。

方式	価格	印字音	消費電力	画質	インク
ドットインパクト	やや低	大	小	低	インクリボン
インクジェット	低	小	小	高	顔料インク、染料インク
レーザ	高	小	大	高	トナーインク

7．正解　×

半導体メモリには、電源を切断すると記憶内容が失われる**揮発性のRAM**と、電源を切断しても記憶内容が保持される**不揮発性のROM**があるが、フラッシュメモリはこれらの両方の要素を兼ね備えたメモリである。フラッシュメモリの代表的なものとして、USBメモリが挙げられる。

8．正解　○

米国のベル研究所においてC言語により開発されたUNIXは、一般的に、完全なマルチタスク機能を搭載しており、ネットワーク機能や安定性にも優れ、高度なセキュリティを保つように設計されている。

9．正解　○

アドオンとは、すでに存在しているアプリケーションに、特定の機能を追加するプログラムやその手続きのことであり、アドインとも呼ばれる。

10．正解　×

レジストリとは、Windows系のOSにおいて、システムやアプリケーションソフトなどの各種動作に関する設定情報を記録しているファイルのことである。ハードウェア情報や、接続している周辺機器などの情報も管理しているため、**設定内容を変更するとシステムが動かなくなる場合がある**。従って、このファイルを**安易に変更するべきではない**。

11．正解　×

電子メールシステムにおいて、クライアントがメールサーバ上のメールボックスからメールを取り出して受信する際に利用するプロトコルは、**APOP**である。
なお、SNMPとは、IPネットワーク上でネットワーク機器の監視と制御を行うためのプロトコルである。

12．正解　○

LANのアクセス制御方式の一つであるCSMA/CD方式は、衝突検知方式や搬送波感知多重アクセス方式などとも呼ばれ、各ノードがデータを送信する際、伝送路上にデータがないことを確認してからデータを送信する方式である。

13．正解　×

Webページにアクセスを試みた際、「Not Found」または「404エラー」というエラーメッセージが表示された場合は、**そのページが見つからない、あるいは存在しない**ことなどが考えられる。

14．正解　○

学校法人、職業訓練校、大学、短期大学などに発行されるドメイン名は、「＊＊＊.ac.jp」であり、財団法人、社団法人、医療法人、監査法人、特定非営利活動法人、独立行政法人などに発行されるドメイン名は、「＊＊＊.or.jp」である。

15．正解　×

デジタル放送を視聴する際に、テレビなどの視聴装置の専用スロットに差し込んで使用するICカードは、**B-CASカード**である。これによって、契約者のみが放送を受信できるようになり、不正コピー防止などの著作権保護機能も持つ。

16．正解　○

ERPとは、企業経営の基本となるヒト・モノ・カネ・情報などの資産要素を適切に分配し、有効活用する計画または考え方を意味するものであり、これを実現するためのソフトウェアは、ERPパッケージや統合業務パッケージなどとも呼ばれている。

17．正解　○

M2M（M to M）とは、機械同士が通信ネットワークを介して情報をやり取りすることにより、自律的に高度な制御や動作を行うことである。この具体例として、自動販売機の在庫状況の遠隔監視や、エレベーターの稼働状況の監視などが挙げられる。

18．正解　×

eコマースとは、インターネットやコンピュータなどを介して行う電子商取引の総称であり、企業が企業向けに行う電子商取引の形態であるB to Bや、企業や企業と提携した外部の業者が、その企業の従業員向けに行う電子商取引の形態である**B to E**などがある。
なお、B to Gは、企業が政府や自治体向けに行う電子商取引の形態である。

19．正解　×

表計算ソフトやデータベースソフトを利用して集計したデータを視覚化する際、2つの項目に関連性や相関があるかどうかを表す際に適しているのは、**散布図**である。このグラフは、縦軸と横軸にそれぞれ別の量をとり、データが当てはまるところにプロットする。

20．正解　○

アクセシビリティとは、情報やサービス、製品などが、どの程度広汎な人に利用可能であるかを表すものであり、高齢者・障害者を含む誰もが、さまざまなサービスなどを支障なく利用できるかどうかの度合いを表すものである。

問2．

A．

1．正解　イ

256色以下のカラーやモノクロ画像を圧縮するファイル形式であり、JPEG形式とともにWebページの標準形式として多く利用されているものは、**GIF**である。

2．正解　ウ

画像を構成する最小の単位であり、色調・階調・透明度などの色情報を持つ点を意味するのは、**pixel**である。
なお、PVは、Webサイトまたは特定のWebページにおけるアクセス数の単位の一つであり、どの程度閲覧されているかを測るための一般的な指標である。

3．正解　イ

「月」「火」「水」…のように、曜日や日付、数値など、規則性のあるデータを連続して自動的に入力する、表計算ソフトに搭載されている機能は、**オートフィル**である。

4．正解　ア

インターネットなどのネットワークに接続するクライアントに、サーバがIPアドレスを動的に割り当てるためのプロトコルは、**DHCP**である。

5．正解　イ

商品販売時にバーコードなどから商品情報を読み取り、商品の販売情報を記録するシステムは、**POSシステム**である。

6．正解　ア

カメラやマイク、センサーなどを利用し、現実の環境での視覚や聴覚、触覚などの知覚に与えられる情報を重ね合わせて、コンピュータによる処理で追加あるいは削減、変化させるなどの技術の総称は、**AR**である。
なお、ARは、強調現実感や拡張現実感などとも呼ばれる。

7．正解　エ

通信事業者やインターネットサービスプロバイダ、データセンターなどが、顧客が所有するサーバや通信機器などを預かり、自社の設備が整った施設内に設置し、回線や電源などを提供するサービスは、**ハウジングサービス**である。

B．

8．正解　ア

　Unicodeとは、Apple社、IBM社、Microsoft社などの米国の情報関連企業が中心となって提唱し、ISOによって国際規格として採用された文字コードであり、世界の主要な言語の文字を表現可能にしている。

　シフトJISコードとは、Microsoft社によって制定された文字コードであり、WindowsやMac OSなどで使用されている。半角カナを1Byteで扱えるため、表示桁数と内部Byte数が一致するという特徴を持つ。

　EUCとは、日本語UNIXシステム諮問委員会の提案にもとづいてAT&T社によって制定された、複数Byteの文字を扱う文字コードの枠組みであり、各国の文字コードも規定されている。

9．正解　イ

　HDMIとは、主に家電やAV機器向けのデジタル映像・音声入出力などに利用されるシリアルインタフェース規格であり、コンピュータとディスプレイの接続に多く使われるDVIを、家電やAV機器向けのインタフェースとして発展させたものである。

　IEEE 1394とは、最大で63台の機器をデイジーチェーン接続やツリー接続することができるシリアルインタフェース規格であり、FireWireやi.Link、DV端子とも呼ばれ、コンピュータと周辺機器だけではなく、家電製品との接続も可能である。

　SCSIとは、コンピュータ本体とハードディスク、CD/DVDドライブなどの接続に利用されるパラレルインタフェース規格であり、転送速度が40Mbps〜320Mbpsの規格がある。

10．正解　エ

　フラットケーブルとは、樹脂皮膜で覆われた複数の細いケーブルを平面状に束ねたケーブルであり、コンピュータ内部での部品の結線などに用いられている。

　ツイストペアケーブルとは、絶縁物で被覆した銅線2本をより合わせたネットワークケーブルであり、環境ノイズなどによる信号への影響を抑えることができる。その種類として、シールドを施したSTPケーブルと、シールドしていないUTPケーブルとがある。

　同軸ケーブルとは、中心にデータ伝送用の1本の銅の芯線があり、それを絶縁体で包み、さらにそれをシールド層で包み、最後に外側をビニールなどで覆った構造であり、ネットワークケーブルや、テレビアンテナと受信機を接続するケーブルなどで使われている。

C．

11．正解　イ

　ア：誤った記述である。
　　事務処理から技術計算までさまざまな目的に利用されている汎用性の高いコンピュータの総称は、汎用コンピュータであり、メインフレームとも呼ばれている。
　イ：適切な記述である。
　　マイクロコンピュータとは、家電製品や電子機器などに制御部品として組み込まれる小型のコンピュータの総称である。
　ウ：誤った記述である。
　　コンビナートや交通管理、発電所、生産ラインなどの各装置を制御するコンピュータの総称は、制御コンピュータである。
　　なお、ワークステーションとは、高度な事務処理や技術計算に対応した業務用コンピュータの総称である。
　エ：誤った記述である。
　　汎用コンピュータを大規模な科学技術計算に特化させたコンピュータの総称は、スーパーコンピュータである。

12. 正解　イ

メタデータに関する記述は、次のとおりである。

> **ジオタグ**とは、メタデータの一種で、地図上の位置（緯度・経度）を示すデータのことである。スマートフォンなどの携帯端末は、GPSなどで現在地の緯度や経度を検知する機能があり、これを利用して、位置情報をファイルに保存したり、ネットワークで送受信する際に、付加情報として関連する位置情報を追加することができる。なお、GPSから取得した位置情報は、経度と緯度がそれぞれ数値で記録されるため、**ジオタグ**が付加される設定で写真を撮影し、それをSNSに投稿した場合、撮影者のプライバシーに関わる位置情報を知られてしまう場合があるので、注意が必要である。

13. 正解　エ

表計算ソフトを使用し、条件を指定して以下のリスト「タブレットPC機種別・店舗別売上集計」のデータを操作した結果は、次のとおりである。

なお、図の上部A～Hは列番号、左側1～8は行番号をそれぞれ表すものであり、セルの名前（番地）は、列番号と行番号の組合せで表すものとする。また、ここでの操作の対象範囲は、セルA3からセルH7とする。

	A	B	C	D	E	F	G	H
1	タブレットPC機種別・店舗別売上集計							
2								（単位：千円）
3	機種No.	機種名	千代田本店	名古屋支店	札幌支店	博多支店	機種別売上合計	構成比
4	TB-124	Raccoon 3	54,064	59,630	28,022	58,284	200,000	24.5%
5	TB-128	Glitter.Pro2	53,952	44,912	59,122	41,992	199,978	24.5%
6	TB-224	Pleiades X	64,800	66,636	36,010	68,330	235,776	28.9%
7	TB-236	Rainbow 2	44,352	41,306	46,002	48,528	180,188	22.1%
8	店舗別売上合計		217,168	212,484	169,156	217,134	815,942	100.0%

ア：正しい記述である。
　　並べ替えの条件に「機種名」の昇順を指定すると、「機種No.」がTB-128のレコードが先頭となる。

イ：正しい記述である。
　　並べ替えの条件に「機種別売上合計」の降順を指定すると、「機種No.」がTB-224のレコードが先頭となる。

ウ：正しい記述である。
　　「機種名」の抽出条件にワイルドカードを使用して「＊P＊」と指定すると、「機種No.」がTB-128とTB-224の2件のレコードが抽出される。

エ：誤った記述である。
　　「機種別売上合計」の抽出条件に「＞200,000」と指定すると、「機種No.」がTB-224のレコードが抽出される。
　　なお、「＞200,000」は、**200,000より大きい**ということであるため、「機種別売上合計」が「200,000」である「機種No.」がTB-124のレコードは、この条件には該当しない。

14. 正解　イ

設問13.のリスト「タブレットPC機種別・店舗別売上集計」の「構成比」（セルH4からH7）の数値を用いてグラフを作成する際、その内訳を表すのに最も適しているのは、**円グラフ**である。

15. 正解　ウ

無線通信に関する記述は、次のとおりである。

> コンピュータネットワークにはさまざまな形態があり、身近なものとして**PAN**が挙げられる。**PAN**は、主に個人が利用する形態であり、スマートフォンや携帯電話、ノートパソコン、周辺機器などを、ケーブルを使わずに接続して、音声データや文字データなどをやりとりする際に利用されている。無線通信を用いるものを、特に**WPAN**と呼ぶこともあるが、単に**PAN**と呼ばれていることが多い。**PAN**の代表的なものとして、**Bluetooth**が挙げられ、**Bluetooth**は用途や機器によって、実装すべき機能やプロトコルが個別に策定されている。なお、**Bluetooth**よりもさらに近距離で通信を行うものとして、**NFC**がある。**NFC**は、国際標準規格として認証されているものであり、通信距離は10cm程度に限定されていて、対応機器をかざすだけで通信が可能となる。ただし、**NFC**は**Bluetooth**よりも低速であるため、大容量のデータのやり取りには適していない。

D.

16. 正解　ウ

16進数の「C」を10進数で表すと、**12**となる。
10進数と16進数の対応表を以下に示す。

10進数	1	2	3	4	5	6	7	8	9	10	11	12	13	14	15	16
16進数	1	2	3	4	5	6	7	8	9	A	B	C	D	E	F	10

17. 正解　ウ

Windows環境において、「*」「:」「<」「>」「/」「¥」などの半角記号は、ファイル名に使用することができない。
従って、使用できるファイル名は「**No. 3**」である。

18. 正解　ウ

カラーディスプレイなどで用いられる光の3原色を構成する色の正しい組合せは、**Red・Green・Blue**である。
なお、カラープリンタなどで用いられる色（塗料）の3原色は、Cyan・Magenta・Yellowはである。

19. 正解　ア

用紙サイズの規格には、A判とB判がある。さらに、A4判やB4判などのように数字を付加して用紙の大きさを表し、数字が大きくなるほど用紙の面積が小さくなる。また、後に続く数字が同じであっても、A判よりもB判の方が用紙の面積が大きい。
従って、ここでの出題にある用紙サイズを面積の小さい順に並べると、次のとおりとなる。

A6判 ＜　A5判　＜　B5判　＜　A4判　＜　B4判

20. 正解　ウ

名称やロゴなどが商標登録済みであることの表示は、®である。
なお、PAT.は、特許登録済みであることの表示であり、PAT. Pは、特許を出願中であることの表示である。
また、Ⓟは、音楽レコード製作者が許諾なくコピーや配信等されない権利（レコード原盤権）の表示である。

情報セキュリティ管理士認定試験　解答

Ⅰ．情報セキュリティ総論

問1

1	2	3	4	5	6	7	8	9	10
×	○	○	○	○	○	×	×	○	×
11	12	13	14	15	16	17	18	19	20
○	○	×	○	×	×	○	×	○	×

問2

1	2	3	4	5	6	7	8	9	10
ウ	イ	エ	ア	ウ	イ	ア	ウ	エ	イ
11	12	13	14	15	16	17	18	19	20
ウ	イ	エ	ウ	ウ	イ	イ	ウ	ア	イ

Ⅱ．情報資産に対する脅威と対策①

問1

1	2	3	4	5	6	7	8	9	10
×	×	○	×	○	×	○	○	×	○
11	12	13	14	15	16	17	18	19	20
○	○	○	×	○	×	○	○	○	×

問2

1	2	3	4	5	6	7	8	9	10
エ	イ	イ	エ	ア	イ	イ	ウ	ア	エ
11	12	13	14	15	16	17	18	19	20
エ	エ	ア	ウ	イ	イ	イ	ウ	ウ	エ

Ⅲ．情報資産に対する脅威と対策②

問1

1	2	3	4	5	6	7	8	9	10
○	○	×	○	×	×	○	×	○	○
11	12	13	14	15	16	17	18	19	20
○	×	×	○	○	×	×	×	○	○

情報セキュリティ管理士認定試験 解答

問2

1	2	3	4	5	6	7	8	9	10
ウ	ア	イ	イ	エ	イ	ウ	エ	ア	イ
11	12	13	14	15	16	17	18	19	20
エ	ウ	エ	ア	ア	ウ	イ	イ	ウ	エ
21	22	23	24	25	26	27	28	29	30
ア	イ	ア	エ	ウ	イ	ア	ウ	エ	ア
31	32	33	34	35	36	37	38	39	40
ウ	イ	エ	エ	イ	エ	ウ	エ	ウ	ウ

Ⅳ．コンピュータの一般知識

問1

1	2	3	4	5	6	7	8	9	10
×	○	○	×	○	○	×	○	○	×
11	12	13	14	15	16	17	18	19	20
×	○	×	○	×	○	○	×	×	○

問2

1	2	3	4	5	6	7	8	9	10
イ	ウ	イ	ア	イ	ア	エ	ア	イ	エ
11	12	13	14	15	16	17	18	19	20
イ	イ	エ	イ	ウ	ウ	ウ	ウ	ア	ウ

情報セキュリティ管理士認定試験 解答用紙

問題

主催　一般財団法人　全日本情報学習振興協会

情報セキュリティ初級認定試験

Ⅰ．情報セキュリティ総論
Ⅱ．情報資産に対する脅威と対策①
Ⅲ．情報資産に対する脅威と対策②
Ⅳ．コンピュータの一般知識

問題数　　80問
制限時間　60分

《注意事項》

1. 合図があるまで、問題用紙を開かないで下さい。
2. 試験委員の指示をよく聞いて下さい。
3. 受験票、筆記用具以外のものは、机の上に出さないで下さい。
4. 解答用紙はマークシートです。下記の記入にあたっての注意をよくお読み下さい。

マークシートの記入にあたっての注意

- HBまたはBの黒の鉛筆、シャープペンシルを使用して下さい。
- 用紙の折り曲げは厳禁です。
- 訂正の場合は消しゴムできれいに消し、消しクズなどが残らないようにして下さい。
- 枠内からはみ出さないようにして下さい。
- 氏名・会場名等、必要事項をご記入下さい。
- 受験番号につきましては、番号を記入しマーク欄も必ずマークして下さい。
- 受験番号欄でのマークミスは採点対象外（失格）となりますので特にご注意下さい。

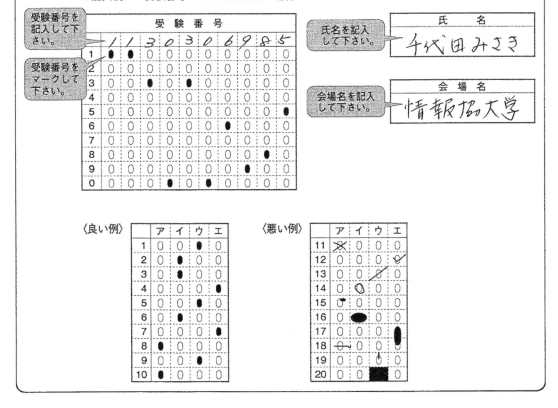

Ⅰ. 情報セキュリティ総論

問1．以下の文章は、情報セキュリティに関するさまざまな知識を述べたものです。正しいものは〇、誤っているものは×としなさい。

1. 事業活動または情報セキュリティを損ねる可能性のある、予期しないまたは望んでいない事象をインシデントといい、その具体例として、システムの動作不良や過負荷、人為的な誤りなどが挙げられる。

2. JIS Q 27000：2014において、「真正性」を、認可されたエンティティが要求したときに、アクセス及び使用が可能である特性と定義している。

3. CEOとは、個人データの安全管理の実施及び運用に関する責任及び権限を有する者として任命される、個人情報保護管理者のことである。

4. 情報セキュリティ監査は、情報セキュリティ対策が適切かどうかを監査人が保証することを目的とする「保証型の監査」と、情報セキュリティ対策の改善のために監査人が助言を行うことを目的とする「助言型の監査」に大別できる。

5. 他人のユーザID・パスワードなどを悪用する行為や、いわゆる「フィッシングサイト」を公開する行為などは、「特定電気通信役務提供者の損害賠償責任の制限及び発信者情報の開示に関する法律」（プロバイダ責任制限法）における不正行為として、処罰の対象となる。

6. 「個人情報の保護に関する法律」（個人情報保護法）における「個人に関する情報」とは、氏名、住所、性別、生年月日、顔画像等個人を識別する情報に限られず、個人の身体、財産、職種、肩書等の属性に関して、事実、判断、評価を表す全ての情報であり、評価情報、公刊物等によって公にされている情報や、映像、音声による情報も含まれる。

7. 「個人情報保護法」における「個人情報データベース等」の具体例の一つとして、従業員が、他人には容易に検索できない独自の分類方法により、名刺を分類した状態であるものが挙げられる。

8. 「行政手続における特定の個人を識別するための番号の利用等に関する法律」（マイナンバー法、番号法、番号利用法）における「法人番号」は、国税庁の法人番号公表サイトから誰でも検索することができ、「法人番号」をキーとして、法人の名称・所在地を容易に確認することが可能である。

9. マイナンバー（個人番号）は、原則として生涯同じ番号を使い続けるものであり、自由に変更することはできない。ただし、マイナンバーが漏えいして不正に用いられるおそれがあると認められる場合は、本人の申請または市町村長の職権により変更することができる。

10. ISMS適合性評価制度は、諸外国からも信頼を得られる情報セキュリティレベルを達成することや、個人情報保護の推進を目的としたものであり、NICT（国立研究開発法人 情報通信研究機構）によって運営されている制度である。

問2．以下のA～Cについて答えなさい。

A．以下の文章を読み、（　）に入る最も適切なものを、それぞれ下の選択肢（ア～エ）から1つ選びなさい。

1．情報セキュリティの要素の一つである「完全性」の具体例として、（　）ことなどが挙げられる。

　　ア：アクセス権限を制限して、アクセスできる機器を特定する
　　イ：データベースの運用において、データの改ざんや破壊などが発生しないようにする
　　ウ：停電に備えて発電機を設置する
　　エ：ネットワークシステムを構成する通信機器の保守・点検を行う

2．情報セキュリティポリシーの構成要素の一つである「情報セキュリティ基本方針」とは、（　）のことである。

　　ア：「情報セキュリティ実施手順」を基準として、保護すべき情報資産を明らかにし、それらに対するリスクを評価するための指針
　　イ：「情報セキュリティ対策基準」に定められた内容を、情報システムまたは業務において、どのような手順に従って実施していくかの詳細を記載した管理策
　　ウ：部署単位で策定する、情報セキュリティをより強固なものにするにはどのような手順で行うか、またはそのためにはどのような設備が必要かをまとめた指針
　　エ：組織における、情報セキュリティ対策に関する根本的な考え方を表し、組織の情報セキュリティに取り組む姿勢を示す方針

3．「知的財産権」のうち、（　）を「産業財産権」といい、特許庁が所管している。

　　ア：特許権、実用新案権、意匠権及び商標権の4つ
　　イ：特許権、実用新案権、著作権及び育成者権の4つ
　　ウ：著作権、回路配置利用権、意匠権の3つ
　　エ：著作権、実用新案権、商標権の3つ

4．「特許法」において、保護の対象となるのは、（　）である。

　　ア：商号や技術のノウハウなどの情報
　　イ：商品やサービスに使用するマーク
　　ウ：物の発明や物を生産する方法の発明
　　エ：物品の形状や構造に関する考案

5．（　）する行為は、「不正競争防止法」における「不正競争行為」に該当する。

　　ア：送信者の氏名及びメールアドレスを表示しない電子メールの送信や、架空電子メールアドレスで電子メールを送信
　　イ：不正な目的で、他社の商品やサービスなどと同一・類似のドメイン名を使用する権利を取得・保有またはそのドメイン名を使用
　　ウ：他人のユーザID・パスワードなどを不正に保管
　　エ：訪問販売や通信販売などで、クーリングオフを拒否

B．以下の文章は、情報セキュリティに関する事柄についての説明です。文中の（　）に当てはまる最も適切なものを、各選択肢（ア～エ）から1つ選びなさい。

6．ISMS（情報セキュリティマネジメントシステム）を継続的に推進していく手法であるPDCAサイクルの（ア：Plan　イ：Do　ウ：Check　エ：Act）プロセスでは、管理策の有効性の測定や、あらかじめ定めた間隔で、リスクアセスメントのレビューやISMS内部監査の実施などを行う。

7．リスクアセスメントにおける（ア：リスク評価　イ：リスク特定　ウ：リスクコミュニケーション　エ：リスク選好）とは、リスクを発見、認識及び記述するプロセスのことである。

C．次の問いに対応するものを、各選択肢（ア～エ）から1つ選びなさい。

8．OECDプライバシー・ガイドラインの8原則に関する記述のうち、正しいものはどれか。

　　ア：「収集制限の原則」では、収集するデータは、利用目的に沿ったもので、かつ、正確・完全・最新であるべきであるとしている。
　　イ：「公開の原則」では、データ収集の実施方針等を公開し、データの存在、利用目的、管理者等を明示するべきであるとしている。
　　ウ：「目的明確化の原則」では、データ主体の同意がある場合や法律の規定による場合を除いて、収集したデータを目的以外に利用してはならないとしている。
　　エ：「責任の原則」では、データ主体に対して、自己に関するデータの所在及び内容を確認させ、または異議申立を保証するべきであるとしている。

9．以下の表は、リスク対応の手法とその概要を示したものです。（　）内のそれぞれに入る最も適切な語句の組合せは、次のうちどれか。

手法	概要
リスクの移転	リスクを外部に委託、または保険などによって、リスクを他社などに移転することであり、リスクの（　a　）とも呼ばれる。
リスクの（　b　）	ぜい弱性に対して対策を講じることによって、脅威の発生の可能性を下げることである。
リスクの（　c　）	脅威の発生の要因を停止、あるいはまったく別の方法に変更することによって、リスクが発生する要因を排除することである。
リスクの（　d　）	特にリスクを（b）するための対策などを行わずに、許容範囲としてリスクを受容することである。

　　ア：（a）分離　　　（b）保有　　　（c）回避　　　（d）低減
　　イ：（a）分離　　　（b）低減　　　（c）集中　　　（d）保有
　　ウ：（a）共有　　　（b）保有　　　（c）集中　　　（d）低減
　　エ：（a）共有　　　（b）低減　　　（c）回避　　　（d）保有

10. 情報セキュリティの関連法規に関する記述のうち、誤っているものはどれか。

　　ア：業務に関して知り得たマイナンバーを、自己や第三者の不正な利益を図る目的で提供し、または盗用するなどの行為は、「マイナンバー法」により処罰の対象となる。

　　イ：コンピュータに虚偽の情報を与えたり、不正な指令を与えるなどにより、使用目的と違う動作をさせて、人の業務を妨害するなどの行為は、「刑法」における「電子計算機損壊等業務妨害」に該当する。

　　ウ：ライバル関係にある他社の信用を低下させる目的で、客観的事実に反する事実を告知したり、偽りの情報をネットワーク上に流す行為は、「不正競争防止法」における「信用毀損行為」に該当する。

　　エ：個人的に利用する目的であっても、違法配信であることを知りながら、音楽や映像を自分のパソコンにダウンロードする行為は、「電気通信事業法」により処罰の対象となる。

Ⅱ. 情報資産に対する脅威と対策①

問1．以下の文章は、情報セキュリティに関するさまざまな知識を述べたものです。正しいものは○、誤っているものは×としなさい。

1. FAX機能や印刷機能、コピー機能などが搭載されている複合機の利用管理において、アクセスログやジョブログを収集し、不正な操作が行われた際には、日時の特定や利用者の特定を行う。

2. 清掃業者が清掃作業中に、ネットワークケーブルを誤って損傷させた場合であっても、情報が漏えいする危険性は低いため、情報セキュリティの問題として含める必要はない。

3. 入室者の特定には、入退管理システムを導入して認証を行い、セキュリティレベルに応じて、入室を許可する人の制限を行う。

4. フォールバックとは、入室を許可されている人の後ろについて、認証を受けずに室内もしくは館内に不正に侵入する手口のことであり、テイリングや共連れとも呼ばれる。

5. 情報セキュリティに関する教育の対象は、機密情報に触れる機会のある者を必須として、それ以外の社員については希望者を募り、定期的に実施する。

6. ソーシャルエンジニアリングとは、軽い気持ちで不正行為をすることであり、その一例として、業務で使用するソフトウェアを、個人所有のパソコンに無断でコピーすることが挙げられる。

7. セキュリティレベルが高い部屋の施錠管理において、重要資料保管室やサーバ室などの扉は、常時施錠しておき、必要時のみ解錠する。

8. BCPは、事業継続計画とも呼ばれ、自然災害などで企業が被災した場合、重要な事業を中断させない、もしくは中断しても可能な限り短期間で再開させ、中断に伴うシェアの低下や企業評価の低下などから企業を守るための方針や手続などを示した計画のことである。

9. JIS Q 27002:2014の「物理的及び環境的セキュリティ」において、書類及び取外し可能な記憶媒体に対するYAGNI原則を適用することが望ましいと示している。例えば、離席時や退出時には、書類やUSBメモリなどの記憶媒体、ノートパソコンなどを机の上や周辺に放置しないようにする対策が該当する。

10. IPAの「中小企業における組織的な情報セキュリティ対策ガイドライン」における「共通して実施すべき対策」において、管理すべき重要な情報資産を区分すると示している。その具体例として、管理すべき重要な情報資産を、他の情報資産と分類することや、情報資産の管理者を定め、重要な情報資産を利用できる人の範囲を定めることなどが挙げられている。

問2．以下のA～Cについて答えなさい。

A．以下の文章は、情報セキュリティに関する事柄についての説明です。文中の（　）に当てはまる最も適切なものを、各選択肢（ア～エ）から1つ選びなさい。

1．（ア：エラーハンドリング　イ：トラッシング　ウ：テキストマイニング　エ：リファクタリング）への対策として、書類を処分する際は情報が残らないように注意し、重要な書類だけではなく、個人情報が書かれているメモ紙などについても、シュレッダーで裁断するなどして、復元できないような状態にしてから廃棄する。

2．重要な内容が含まれる書類を、宅配便や郵便などを利用して輸送する際のリスクを軽減するため、配送状況と受取りを確認できるサービスや、送達過程が記録され実損額が賠償される（ア：書留　イ：内容証明　ウ：メール便　エ：レタックス）などを利用する。

3．（ア：テンションワイヤー　イ：セキュリティワイヤー　ウ：シンワイヤーケーブル　エ：ケーブルハーネス）とは、パソコンなどの機器を机などに固定するための器具であり、シリンダ錠やダイヤル錠などでロックすることにより、パソコンなどの不正な持出しや盗難を防止することができるようになる。

4．情報システムにおける（ア：フェールセーフ　イ：フォールト　ウ：ストール　エ：スケールアウト）とは、機器の故障時にはシステムを停止させるなどの安全な状態にさせる技術、または考え方のことである。

5．（ア：ACD　イ：CCU　ウ：UPS　エ：PBX）は、無停電電源装置とも呼ばれ、これを設置することによって、外部からの電力供給が途絶えても、一定時間電力を供給し続けることができるようになる。

B．以下の文章を読み、（　）に入る最も適切なものを、それぞれ下の選択肢（ア～エ）から1つ選びなさい。

6．ヒューマンエラーの代表的なものとして、（　　）などが挙げられる。

　　ア：情報の不正な持出しや機器を故意に破壊すること
　　イ：なりすましによる情報の詐取や情報の書換え
　　ウ：電子媒体の誤廃棄や誤った上書き
　　エ：電子媒体の経年劣化や破損

7．業務で使用しているスマートフォンへの対策として、（　　）を利用する。

　　ア：SIMカードの耐久性を高めるため、PINコードのロック解除機能
　　イ：不正な通信を防ぐため、ジェイルブレイクが行えるようなアプリケーションソフト
　　ウ：画面ののぞき見を防ぐため、モーションコントロール機能
　　エ：紛失時には、キャリアで提供しているリモートからの強制ロックや位置情報の確認サービス

C．次の問いに対応するものを、各選択肢（ア～エ）から1つ選びなさい。

8．以下の文章は、バイオメトリクス認証に関する内容です。（　）内のそれぞれに入る最も適切な語句の組合せは、次のうちどれか。

> バイオメトリクスによる認証方式の一つである（　a　）の特徴として、次のようなことが挙げられる。
> - 乾燥や湿気などの外的要因による影響は、きわめて低い。
> - 読取り装置の小型化が可能であり、非接触対応も可能である。
> - （　b　）認証する確率は高い。
> - 認証情報は外見で判断することができないことなどから、（　c　）などで採用されている。

ア：（a）指紋認証　　　（b）他人を本人と誤って　　（c）金融機関のATM
イ：（a）指紋認証　　　（b）本人を本人と正しく　　（c）不特定多数が利用するイベント会場
ウ：（a）指静脈認証　　（b）他人を本人と誤って　　（c）不特定多数が利用するイベント会場
エ：（a）指静脈認証　　（b）本人を本人と正しく　　（c）金融機関のATM

9．以下の文章は、バックアップシステムの運用方式に関する内容です。該当する用語は、次のうちどれか。

> 情報処理施設として必要最低限のインフラ設備や、システムに関わるリソースが用意されていて、かつ、主要なシステムの稼働に必要なハードウェアやソフトウェアの一式を、あらかじめ保管してある形態である。災害発生時には、システムを起動して運用を引き継ぐことが可能となる。

ア：ホットサイト　　　　　イ：ウォームサイト
ウ：サテライトサイト　　　エ：ミラーサイト

10．経済産業省の「情報システム安全対策基準」における「設置基準」に関する記述のうち、誤っているものはどれか。

ア：建物及び室は、火災の被害を受ける恐れのない場所に設けること。また、建物及び室は、避難のために必要な空間を確保すること。
イ：情報システムの専用の室の出入口は、できるだけ多くし、それぞれ入退管理設備を設けること。また、建物及び室の適切な位置に非常口を設けること。
ウ：建物は、建築基準法に規定する耐火性能を有すること。また、情報システムの専用の室は、独立した防火区画とすること。
エ：情報システムの保守に必要な空間を確保すること。また、コンピュータ、端末機及び通信関係装置からの電波放射による情報漏えいを防止する措置を講ずること。

Ⅲ. 情報資産に対する脅威と対策②

問1．以下の文章は、情報セキュリティに関するさまざまな知識を述べたものです。正しいものは〇、誤っているものは×としなさい。

1. ユーザIDごとにパスワードを設定し、ユーザIDから容易に推測できるようなパスワードは設定しない。また、パスワードは、類推しにくい文字列で構成し、適切な長さをもたせる。

2. ファイアウォールとは、外部ネットワークと内部ネットワークの境界に設置し、外部からの攻撃や不正なアクセスなどから、内部ネットワークやコンピュータを防御するためのソフトウェアやハードウェアのことである。

3. P2Pソフト（ファイル交換ソフト）を利用する際、やり取りをしているデータが「著作権法」に抵触していなければ、P2Pソフトを頻繁に利用しても、情報セキュリティ上の問題は発生しない。

4. スパイウェアとは、感染したコンピュータのデータを暗号化したり、システムをロックするなどにより制限をかけ、データの復号や制限の解除と引き替えに、金銭などを要求する不正プログラムである。

5. 共通かぎ暗号方式の種類の一つであるAESは、米国商務省標準技術局によって選定された標準ブロック暗号方式であり、無線LANの暗号化方式にも採用されている。

6. 公開かぎ暗号方式は、暗号化するかぎ（公開かぎ）と復号するかぎ（秘密かぎ）が異なる暗号方式であり、秘密かぎ暗号方式または慣用暗号方式とも呼ばれる。

7. ハッシュ関数とは、任意のデータを入力して固定のデータを出力する関数のことであり、出力したデータから入力したデータを導き出すことができない一方向性や、異なる入力データから同じ出力結果が得られる可能性が非常に低い耐衝突性といった特徴を備えている。

8. MACアドレスフィルタリングとは、接続できる無線端末を制限する機能であり、端末ごとに固有のMACアドレスをあらかじめ登録することにより、許可されている端末のみ接続できるようにするためのものである。

9. ハードディスクを処分する際は、データの読取りが不可能な状態にしてから廃棄する。例えば、リカバリCDを用いて出荷時の状態に戻すだけでは不十分であるため、物理的に破壊するか、ディスク全体をフォーマットして確実にデータを消去する。

10. 経済産業省の「情報セキュリティ管理基準」の「媒体の取扱い」において、取外し可能な媒体の管理のために、保管されたデータがまだ必要な間に媒体が劣化するリスクを軽減するため、読み出せなくなる前にデータを新しい媒体に移動すると示している。なお、価値の高いデータは、一斉に損傷または消失するリスクをより低減するために、複製は作らずに、オリジナルデータのみを厳重に保管するとしている。

問2．以下のA～Cについて答えなさい。

A．以下の文章は、情報セキュリティに関する事柄についての説明です。文中の（　）に当てはまる最も適切なものを、各選択肢（ア～エ）から1つ選びなさい。

1．一般的に、（ア：ブルートフォース攻撃　イ：フォールトベース攻撃　ウ：デシル分析　エ：F5アタック）によってクラッキングされやすいのは、文字数が少ないパスワードや、英数字の単純な羅列で構成されているパスワードなどである。

2．（ア：エフェメラルポート　イ：ポートスキャン　ウ：シーケンスチェック　エ：ニューメリックチェック）とは、攻撃対象となるサーバ上でポート番号を順番に試してアクセスしていき、そのサーバのOSやアプリケーションなどにぜい弱性があるかどうかを調べる行為である。

3．（ア：マルバタイジング攻撃　イ：LAND攻撃　ウ：タイミング攻撃　エ：ゼロデイ攻撃）とは、セキュリティ上のぜい弱性が発見されたときに、開発者側からパッチなどのぜい弱性への対策が提供されるより前に、そのぜい弱性をついて攻撃を仕掛けるものである。

4．（ア：ウォータリングホール攻撃　イ：バッファオーバーフロー　ウ：DDoS攻撃　エ：クロスサイトスクリプティング）とは、分散された複数のコンピュータから、大量のパケットを攻撃対象のサーバに送りつけ、そのサーバの処理能力を低下させたり、機能停止にする攻撃である。

5．（ア：ESS-ID　イ：UUID　ウ：ビルドナンバー　エ：シーケンス番号）とは、無線端末が接続できるアクセスポイントを識別するために使用する識別子であり、混信を避けるために付けられるネットワーク名のようなものである。

B．以下の文章を読み、（　）に入る最も適切なものを、それぞれ下の選択肢（ア～エ）から1つ選びなさい。

6．RAID1では、複数台のハードディスクに（　　　）書き込む。これをミラーリングといい、耐故障性が高くなる。

　　ア：データを分散して
　　イ：データとパリティを交互に
　　ウ：データをランダムに数回
　　エ：同時に同じ内容を

7．トロイの木馬とは、（　　　）不正プログラムである。

　　ア：表計算ソフトやワープロソフトのマクロ機能を悪用して、自己増殖する
　　イ：一見無害なプログラムを装い、システムのセキュリティを回避するように設計された
　　ウ：試験的に作られた危険性の低い
　　エ：強い増殖力を持ち、ネットワークを介して次々に感染していく

C．次の問いに対応するものを、各選択肢（ア～エ）から1つ選びなさい。

8．以下の文章は、ネットワーク経由での攻撃に関する内容です。該当する手法の名称は、次のうちどれか。

> 主に電子メールを用いて、特定の組織や個人を狙う攻撃手法である。
> その典型的な例として、メール受信者の仕事に関係する話題を含む件名や本文で興味をひき、不正プログラムが埋め込まれた添付ファイルを開くように促し、不正プログラムに感染させるといった手口がある。また、不正なWebページを用意しておき、メールに記載されたURLをクリックさせてそのページに誘導し、認証情報などを詐取する手口もある。なお、この攻撃は、不正プログラムに感染させた後に、さらに遠隔操作を行うための不正プログラムを送り込み、攻撃対象のネットワークの調査や管理者権限の奪取などを行い、内部情報の窃取などの不正な活動をする場合もある。

ア：DNSアンプ攻撃　　　　　　　　　　イ：標的型攻撃
ウ：フォールトインジェクション攻撃　　エ：リロード攻撃

9．以下の文章は、ネットワークにおけるセキュリティ技術に関する内容です。（　　）内のそれぞれに入る最も適切な語句の組合せは、次のうちどれか。

> アクセスした際、Webブラウザのアドレスバーに（ a ）が表示されているWebページは、通信が暗号化され、第三者による盗聴や改ざんの防止策がなされているページである。（ a ）が表示されていることにより、正当なWebサイトかどうかの判断要素の一つとなるといえる。また、（ a ）が表示されているサイトは、URLが（ b ）、（ c ）というプロトコルが使われていることを表している。（ c ）によって暗号化通信が可能となり、第三者による盗聴のリスクが低下するだけではなく、通信相手を確認するための手段である（ d ）が利用できるため、情報を安全にやり取りすることが可能となる。

ア：（a）🔒のマーク　　　　　（b）htmlで終わり　　（c）HTML　（d）ACKパケット
イ：（a）🔒のマーク　　　　　（b）httpsから始まり　（c）HTTPS　（d）SSLサーバ証明書
ウ：（a）その組織のロゴマーク（b）htmlで終わり　　（c）HTML　（d）SSLサーバ証明書
エ：（a）その組織のロゴマーク（b）httpsから始まり　（c）HTTPS　（d）ACKパケット

10．経済産業省の「コンピュータ不正アクセス対策基準」における「システムユーザ基準」に関する記述のうち、誤っているものはどれか。

ア：他人のパスワードを知った場合は、速やかにシステム管理者に通知すること。また、ユーザIDを利用しなくなった場合は、速やかにシステム管理者に届け出ること。

イ：ファイルの属性は、内容の重要度に応じたアクセス権限を必ず設定すること。また、コンピュータ及び通信機器を維持、保守するために必要なファイルは、盗用、改ざん、削除等されないように厳重に管理すること。

ウ：コンピュータを管理するために与えられた最上位の権限（以下「特権」とする）によるコンピュータの利用は、許容最大限にすること。また、特権によりコンピュータを利用する場合は、コンピュータ、場所、期間等を限定すること。

エ：コンピュータが無断で利用された形跡がないか、利用履歴等を随時確認すること。また、コンピュータを入力待ち状態で放置しないこと。

Ⅳ. コンピュータの一般知識

問1．以下の文章を読み、正しいものは○、誤っているものは×としなさい。

1．スーパーコンピュータとは、メインフレームを大規模な科学技術計算に特化させたコンピュータの総称である。

2．MP3とは、MPEG1の音声部分の圧縮アルゴリズムのうち、レイヤ3と呼ばれるアルゴリズムによって圧縮化される音声ファイルの名称である。MP3は、レコード会社やコンテンツプロバイダなどでの音楽配信サービスの際に利用されている。

3．プリンタを印字方式によって大別した際、シリアルプリンタに該当するのはレーザプリンタであり、ページプリンタに該当するのはインクジェットプリンタとドットインパクトプリンタである。

4．シリアルインタフェースに分類されるUSBの特徴の一つとして、パソコンに接続・取外しをする際の、プラグアンドプレイが挙げられる。

5．DCEは、中央演算処理装置とも呼ばれ、各種装置の制御やデータの演算・加工を行う装置である。DCEは、入力装置や記憶装置からデータを受け取り、データの演算や加工を行い、出力装置や記憶装置にデータを渡す。

6．ROMは、電源を切断しても記憶内容が保持されるという性質を持つ。これを不揮発性といい、ROMはこの性質を活かして、主にデータの保存に利用されている。

7．フラットファイルとは、ソフトウェアが作業中のデータの保存のために、一時的に自動生成するものであり、一般的に、このファイルは、ソフトウェア終了と同時に消去される。

8．IPアドレスとは、インターネットなどのネットワーク上にある機器を判別するための番号であり、データを送受信するコンピュータや通信機器に、重複なく割り当てられているものである。

9．NASとは、インターネットなどのネットワーク上にある機器のホスト名とIPアドレスを、相互に対応づけるためのシステムである。

10．ユビキタスコンピューティングとは、生活や社会の至る所にコンピュータが存在し、コンピュータ同士が自律的に連携して動作することにより、人間の生活を支援する情報環境のことである。

問2．次の問いに対応するものを、各選択肢（ア～エ）から1つ選びなさい。

1. ANSIが定めた情報交換用の文字コードであり、7ビットで表現され、128種類のローマ字、数字、記号、制御コードで構成されているものは、次のうちどれか。
   ア：ASCIIコード　　　イ：EBCDIC　　　ウ：EUC　　　エ：シフトJISコード

2. ネットワークで接続された複数のサーバが抽象化され、実体を意識することなく利用が可能な処理形態は、次のうちどれか。
   ア：C&Cサーバ　　　イ：エンドユーザコンピューティング
   ウ：SIPサーバ　　　エ：クラウドコンピューティング

3. 1GB（ギガバイト）の約1,000倍の記憶容量を表しているものは、次のうちどれか。
   ア：1KB（キロバイト）　　　イ：1MB（メガバイト）
   ウ：1TB（テラバイト）　　　エ：1PB（ペタバイト）

4. Windowsなどの環境で実行できるプログラムが収められたファイル形式であり、一般的に、ダブルクリックすることにより、そのプログラムが起動できるようになっているものは、次のうちどれか。
   ア：CSV　　　イ：EXE　　　ウ：PNG　　　エ：WAV

5. Windows環境において、フォルダ名に使用できない半角記号は、次のうちどれか。
   ア：&（アンパサンド）　　　イ：_（アンダースコア）
   ウ：=（イコール）　　　エ：/（スラッシュ）

6. コンピュータなどの情報・通信機器だけではなく、自動車やロボット、家電、施設などのあらゆる物体（モノ）に通信機能を持たせ、インターネットに接続したり、相互に通信することにより、自動認識や自動制御、遠隔計測などを行う仕組みの総称は、次のうちどれか。
   ア：EC　　　イ：IoT　　　ウ：FTTH　　　エ：PAN

7. コンピュータや周辺機器、専用装置などを利用して、人間の感覚器官に働きかけ、現実ではないが実質的に現実のように体感できる環境を、人工的に作り出す技術の総称は、次のうちどれか。
   ア：NIC　　　イ：NFC　　　ウ：VoIP　　　エ：VR

8. 以下の文章は、二次元コードに関する内容です。（　）内に入る用語は、次のうちどれか。なお、それぞれの（　）には、すべて同じ用語が入るものとする。

   > （　　）とは、縦と横の二方向に情報を記録させたマトリックス型二次元コードであり、どの方向からでも読取りが可能である。その用途として、URLの情報が（　　）で表されたものを、スマートフォンや携帯電話に搭載されている対応カメラで接写して情報を読み取り、該当するWebサイトへ直接アクセスすることなどが挙げられる。チラシや雑誌などの印刷物だけではなく、入荷検品や在庫管理、病院での調剤などの幅広い場面で採用されている。

   ア：ASナンバー　　　イ：QRコード　　　ウ：URLエンコード　　　エ：ビルドナンバー

9. 以下の表は、TCP/IPで使われる代表的なプロトコルとその概要を示したものです。（　）内のそれぞれに入る最も適切な語句の組合せは、次のうちどれか。

名称	概要
（a）	IPネットワーク上で、ネットワーク機器の監視と制御を行うためのプロトコルである。
（b）	電子メールを送信する際に用いられるプロトコルである。
（c）	メールサーバに到着した電子メールを取り出して受信する際に用いられるプロトコルであり、（b）とセットで利用される。

ア：（a）SMTP　　　　（b）POP3　　　　（c）SNMP
イ：（a）SMTP　　　　（b）PPT　　　　（c）POP3
ウ：（a）SNMP　　　　（b）SMTP　　　　（c）POP3
エ：（a）SNMP　　　　（b）PPT　　　　（c）SMTP

10. 以下の図は、無線LAN接続のイメージを表したものです。図中の装置Aと装置Bに該当するものの組合せは、次のうちどれか。

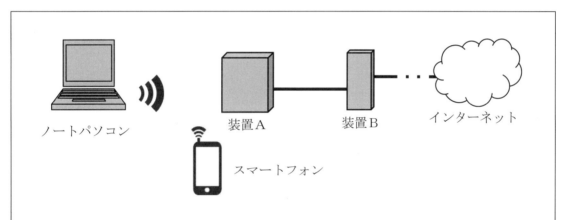

装置A：ノートパソコンやスマートフォンなどの無線LAN機器と、電波の送受信を行う装置であり、製品によっては、装置Bの機能を内蔵しているものもある。
装置B：電話回線やCATV回線などを通じて、インターネットで通信を行うための装置である。

ア：装置Aは無線LANルータであり、装置Bはロードバランサである。
イ：装置Aは無線LANルータであり、装置Bはモデムである。
ウ：装置Aはエミュレータであり、装置Bはロードバランサである。
エ：装置Aはエミュレータであり、装置Bはモデムである。

情報セキュリティ初級認定試験

解答・解説

Ⅰ．情報セキュリティ総論

問１．

1．正解　○

事業活動または情報セキュリティを損ねる可能性のある、予期しないまたは望んでいない事象をインシデントといい、その具体例として、システムの動作不良や過負荷、人為的な誤りなどが挙げられる。
なお、インシデントは、セキュリティインシデントや、情報セキュリティインシデントとも呼ばれる。

2．正解　×

JIS Q 27000：2014において、「真正性」を、エンティティは、それが主張するとおりのものであるという特性と定義している。
なお、認可されたエンティティが要求したときに、アクセス及び使用が可能である特性は、「可用性」の定義である。

3．正解　×

個人データの安全管理の実施や運用に関する責任及び権限を有する者として任命される、個人情報保護管理者は、<u>CPO（Chief Privacy Officer）</u>である。
なお、CEO（Chief Executive Officer）は、最高経営責任者である。

4．正解　○

情報セキュリティ監査は、情報セキュリティ対策が適切かどうかを監査人が保証することを目的とする「保証型の監査」と、情報セキュリティ対策の改善のために監査人が助言を行うことを目的とする「助言型の監査」に大別できる。

5．正解　×

他人のユーザID・パスワードなどを悪用する行為や、いわゆる「フィッシングサイト」を公開する行為（利用者のユーザID・パスワードなど不正に要求する行為）などは、「不正アクセス行為の禁止等に関する法律」（不正アクセス禁止法）における不正行為として、処罰の対象となる。

6．正解　○

「個人情報の保護に関する法律」（個人情報保護法）における「個人に関する情報」とは、氏名、住所、性別、生年月日、顔画像等個人を識別する情報に限られず、個人の身体、財産、職種、肩書等の属性に関して、事実、判断、評価を表す全ての情報であり、評価情報、公刊物等によって公にされている情報や、映像、音声による情報も含まれる。

7．正解　×

「個人情報保護法」における「個人情報データベース等」とは、特定の個人情報をコンピュータを用いて検索することができるように体系的に構成した、個人情報を含む情報の集合物である。また、コンピュータを用いていない場合であっても、紙面で処理した個人情報を一定の規則（例えば、五十音順等）に従って整理・分類し、特定の個人情報を容易に検索することができるよう、目次、索引、符号等を付し、他人によっても容易に検索可能な状態に置いているものも該当する。
従って、従業員が、<u>他人には容易に検索できない独自の分類方法</u>により、名刺を分類した状態であるものは、<u>「個人情報データベース等」には該当しない</u>。

8．正解　○

「行政手続における特定の個人を識別するための番号の利用等に関する法律」（マイナンバー法、番号法、番号利用法）における「法人番号」は、国税庁の法人番号公表サイトから誰でも検索することができ、「法人番号」をキーとして、法人の名称・所在地を容易に確認することが可能である。

9．正解　〇

マイナンバー（個人番号）は、原則として生涯同じ番号を使い続けるものであり、自由に変更することはできない。ただし、マイナンバーが漏えいして不正に用いられるおそれがあると認められる場合は、本人の申請または市町村長の職権により変更することができる。

10．正解　×

ISMS適合性評価制度は、諸外国からも信頼を得られる情報セキュリティレベルを達成することを目的としたものであり、国際的に整合性のとれた情報セキュリティマネジメントに対する第三者適合性評価制度である。なお、この制度は、**JIPDEC（一般財団法人　日本情報経済社会推進協会）** よって運営されている。

問2.

A.

1．正解　イ

情報セキュリティの要素の一つである「完全性」の具体例として、<u>データベースの運用において、データの改ざんや破壊などが発生しないようにする</u>ことなどが挙げられる。
　なお、アクセス権限を制限して、アクセスできる機器を特定するのは、「機密性」の具体例である。また、停電に備えて発電機を設置することや、ネットワークシステムを構成する通信機器の保守・点検を行うことは、「可用性」の具体例である。

2．正解　エ

情報セキュリティポリシーの構成要素の一つである「情報セキュリティ基本方針」とは、<u>組織における、情報セキュリティ対策に関する根本的な考え方を表し、組織の情報セキュリティに取り組む姿勢を示す方針</u>のことである。

3．正解　ア

「知的財産権」のうち、<u>特許権、実用新案権、意匠権及び商標権の４つ</u>を「産業財産権」といい、特許庁が所管している。

4．正解　ウ

「特許法」において、保護の対象となるのは、<u>物の発明や物を生産する方法の発明</u>である。
　なお、商品やサービスに使用するマークを保護の対象としているのは、「商標法」であり、物品の形状や構造に関する考案を保護の対象としているのは、「実用新案法」である。

5．正解　イ

<u>不正な目的で、他社の商品やサービスなどと同一・類似のドメイン名を使用する権利を取得・保有またはそのドメイン名を使用</u>する行為は、「不正競争防止法」における「不正競争行為」に該当する。
　なお、送信者の氏名及びメールアドレスを表示しない電子メールの送信や、架空電子メールアドレスで電子メールを送信する行為は、「特定電子メールの送信の適正化等に関する法律」（特定電子メール法、迷惑メール防止法）によって規制されている。

B．

6．正解　ウ

ISMS（情報セキュリティマネジメントシステム）を継続的に推進していく手法であるPDCAサイクルの**Check**プロセスでは、管理策の有効性の測定や、あらかじめ定めた間隔で、リスクアセスメントのレビューやISMS内部監査の実施などを行う。

7．正解　イ

リスクアセスメントにおける**リスク特定**とは、リスクを発見、認識及び記述するプロセスのことである。なお、リスク評価とは、リスクやリスクの大きさが、受容可能かまたは許容可能かを決定するために、リスク分析の結果をリスク基準と比較するプロセスのことである。

C．

8．正解　イ

ア：誤った記述である。
　「収集制限の原則」では、個人データは、適法・公正な手段により、かつデータ主体に通知または同意を得て収集されるべきであるとしている。
　なお、収集するデータは、利用目的に沿ったもので、かつ、正確・完全・最新であるべきであるとしているのは、「**データ内容の原則**」である。

イ：正しい記述である。
　「公開の原則」では、データ収集の実施方針等を公開し、データの存在、利用目的、管理者等を明示するべきであるとしている。

ウ：誤った記述である。
　「目的明確化の原則」では、収集目的を明確にし、データ利用は収集目的に合致すべきであるとしている。
　なお、データ主体の同意がある場合や法律の規定による場合を除いて、収集したデータを目的以外に利用してはならないとしているのは、「**利用制限の原則**」である。

エ：誤った記述である。
　「責任の原則」では、データの管理者は、当該ガイドラインの諸原則実施の責任を有するとしている。
　なお、データ主体に対して、自己に関するデータの所在及び内容を確認させ、または異議申立を保証するべきであるとしているのは、「**個人参加の原則**」である。

9．正解　エ

リスク対応の手法とその概要を、以下の表に示す。

手法	概要
リスクの移転	リスクを外部に委託、または保険などによって、リスクを他社などに移転することであり、リスクの**共有**とも呼ばれる。
リスクの**低減**	ぜい弱性に対して対策を講じることによって、脅威の発生の可能性を下げることである。
リスクの**回避**	脅威の発生の要因を停止、あるいはまったく別の方法に変更することによって、リスクが発生する要因を排除することである。
リスクの**保有**	特にリスクを**低減**するための対策などを行わずに、許容範囲としてリスクを受容することである。

10．正解　エ

ア：正しい記述である。
　　業務に関して知り得たマイナンバーを、自己や第三者の不正な利益を図る目的で提供し、または盗用するなどの行為は、「マイナンバー法」により処罰の対象となる。

イ：正しい記述である。
　　コンピュータに虚偽の情報を与えたり、不正な指令を与えるなどにより、使用目的と違う動作をさせて、人の業務を妨害するなどの行為は、「刑法」における「電子計算機損壊等業務妨害」に該当する。

ウ：正しい記述である。
　　ライバル関係にある他社の信用を低下させる目的で、客観的事実に反する事実を告知したり、偽りの情報をネットワーク上に流す行為は、「不正競争防止法」における「信用毀損行為」に該当する。

エ：誤った記述である。
　　個人的に利用する目的であっても、違法配信であることを知りながら、音楽や映像を自分のパソコンにダウンロードする行為は、**「著作権法」**により処罰の対象となる。

Ⅱ. 情報資産に対する脅威と対策①

問1．

1．正解　○

FAX機能や印刷機能、コピー機能などが搭載されている複合機の利用管理において、アクセスログやジョブログを収集し、不正な操作が行われた際には、日時の特定や利用者の特定を行う。

2．正解　×

清掃業者が清掃作業中に、ネットワークケーブルを誤って損傷させた場合、<u>ネットワーク障害が発生する可能性があるため、情報セキュリティの問題として含める</u>べきである。

3．正解　○

入室者の特定には、入退管理システムを導入して認証を行い、セキュリティレベルに応じて、入室を許可する人の制限を行う。

4．正解　×

入室を許可されている人の後ろについて、認証を受けずに室内もしくは館内に不正に侵入する手口は、<u>ピギーバック</u>であり、テイリングや共連れとも呼ばれる。

5．正解　×

情報セキュリティに関する教育は、機密情報に触れる機会のある者や正社員だけではなく、<u>すべての従業員を対象にして、定期的に実施</u>する。

6．正解　×

ソーシャルエンジニアリングとは、<u>技術的な攻撃をしかけずに、情報を不正に収集する手口全般</u>のことである。例えば、のぞき見や盗み聞き、持ち去り、ごみ箱あさりなどのさまざまな手法がある。

7．正解　○

セキュリティレベルが高い部屋の施錠管理において、重要資料保管室やサーバ室などの扉は、常時施錠しておき、必要時のみ解錠する。

8．正解　○

BCP（Business Continuity Plan）は、事業継続計画とも呼ばれ、自然災害などで企業が被災した場合、重要な事業を中断させない、もしくは中断しても可能な限り短期間で再開させ、中断に伴うシェアの低下や企業評価の低下などから企業を守るための方針や手続などを示した計画のことである。

9．正解　×

JIS Q 27002:2014の「物理的及び環境的セキュリティ」において、書類及び取外し可能な記憶媒体に対する<u>クリアデスク方針</u>を適用することが望ましいと示している。例えば、離席時や退出時には、書類やUSBメモリなどの記憶媒体、ノートパソコンなどを机の上や周辺に放置しないようにする対策が該当する。なお、JIS Q 27002:2014では、クリアデスクとは、机上に書類を放置しないことをいうと示している。

10．正解　○

IPAの「中小企業における組織的な情報セキュリティ対策ガイドライン」における「共通して実施すべき対策」において、管理すべき重要な情報資産を区分すると示している。その具体例として、管理すべき重要な情報資産を、他の情報資産と分類することや、情報資産の管理者を定め、重要な情報資産を利用できる人の範囲を定めることなどが挙げられている。

問2．

A．

1．正解　イ

　トラッシングへの対策として、書類を処分する際は情報が残らないように注意し、重要な書類だけではなく、個人情報が書かれているメモ紙などについても、シュレッダーで裁断するなどして、復元できないような状態にしてから廃棄する。

2．正解　ア

　重要な内容が含まれる書類を、宅配便や郵便などを利用して輸送する際のリスクを軽減するため、配送状況と受取りを確認できるサービスや、送達過程が記録され実損額が賠償される書留などを利用する。

3．正解　イ

　セキュリティワイヤーとは、パソコンなどの機器を机などに固定するための器具であり、シリンダ錠やダイヤル錠などでロックすることにより、パソコンなどの不正な持出しや盗難を防止することができるようになる。

4．正解　ア

　情報システムにおけるフェールセーフとは、機器の故障時にはシステムを停止させるなどの安全な状態にさせる技術、または考え方のことである。

5．正解　ウ

　UPS（Uninterruptible Power Supply）は、無停電電源装置とも呼ばれ、これを設置することによって、外部からの電力供給が途絶えても、一定時間電力を供給し続けることができるようになる。

B．

6．正解　ウ

　ヒューマンエラーの代表的なものとして、電子媒体の誤廃棄や誤った上書きなどが挙げられる。
　なお、ヒューマンエラーとは、不注意による人為的なミスのことであり、慣れていないツールを利用する場合や、作業結果の確認が容易にできない場合などに起こりやすい。

7．正解　エ

　業務で使用しているスマートフォンへの対策として、紛失時には、キャリアで提供しているリモートからの強制ロックや位置情報の確認サービスを利用する。

C.

8．正解　エ

バイオメトリクス認証に関する内容は、次のとおりである。

> バイオメトリクスによる認証方式の一つである**指静脈認証**の特徴として、次のようなことが挙げられる。
> - 乾燥や湿気などの外的要因による影響は、きわめて低い。
> - 読取り装置の小型化が可能であり、非接触対応も可能である。
> - **本人を本人と正しく**認証する確率は高い。
> - 認証情報は外見で判断することができないことなどから、**金融機関のATM**などで採用されている。

9．正解　イ

以下のバックアップシステムの運用方式に関する内容に該当するのは、**ウォームサイト**である。

> 情報処理施設として必要なインフラ設備や、システムに関わるリソースが用意されていて、かつ、主要なシステムの稼働に必要なハードウェアやソフトウェアの一式を、あらかじめ保管してある形態である。災害発生時には、システムを起動して運用を引き継ぐことが可能となる。

10．正解　イ

経済産業省の「情報システム安全対策基準」における「設置基準」では、次のような事項を示している。

ア：正しい記述である。
　　建物及び室は、火災の被害を受ける恐れのない場所に設けること。また、建物及び室は、避難のために必要な空間を確保すること。

イ：誤った記述である。
　　出入口は、できるだけ少なくし、入退管理設備を設けること。また、建物及び室の適切な位置に非常口を設けること。

ウ：正しい記述である。
　　建物は、建築基準法に規定する耐火性能を有すること。また、情報システムの専用の室は、独立した防火区画とすること。

エ：正しい記述である。
　　情報システムの保守に必要な空間を確保すること。また、コンピュータ、端末機及び通信関係装置からの電波放射による情報漏えいを防止する措置を講ずること。

Ⅲ. 情報資産に対する脅威と対策②

問1.

1. 正解　〇

　ユーザIDごとにパスワードを設定し、ユーザIDから容易に推測できるようなパスワードは設定しない。また、パスワードは、類推しにくい文字列で構成し、適切な長さをもたせる。

2. 正解　〇

　ファイアウォールとは、外部ネットワークと内部ネットワークの境界に設置し、外部からの攻撃や不正なアクセスなどから、内部ネットワークやコンピュータを防御するためのソフトウェアやハードウェアのことである。

3. 正解　×

　P2Pソフト（ファイル交換ソフト）を利用することにより、やり取りするデータが「著作権法」に抵触している場合があるだけではなく、**誤操作により情報漏えいを引き起こしてしまったり、P2Pソフトを媒介とする暴露ウイルスにより、データが流出してしまう危険性**などがある。そのため、多くの企業や組織では、P2Pソフトの使用を禁止している。

4. 正解　×

　スパイウェアとは、利用者や管理者の意に反してインストールされ、主に利用者の個人情報やアクセス履歴などの情報を収集する不正プログラムである。

　なお、感染したコンピュータのデータを暗号化したり、システムをロックするなどにより制限をかけ、データの復号や制限の解除と引き換えに、金銭などを要求する不正プログラムは、**ランサムウェア**である。

5. 正解　〇

　共通かぎ暗号方式の種類の一つであるAESは、米国商務省標準技術局によって選定された標準ブロック暗号方式であり、無線LANの暗号化方式にも採用されている。

6. 正解　×

　公開かぎ暗号方式は、暗号化するかぎ（公開かぎ）と復号するかぎ（秘密かぎ）が異なる暗号方式であり、**非対称かぎ**とも呼ばれる。

7. 正解　〇

　ハッシュ関数とは、任意のデータを入力して固定のデータを出力する関数のことであり、出力したデータから入力したデータを導き出すことができない一方向性や、異なる入力データから同じ出力結果が得られる可能性が非常に低い耐衝突性といった特徴を備えている。

8. 正解　〇

　MACアドレスフィルタリングとは、接続できる無線端末を制限する機能であり、端末ごとに固有のMACアドレスをあらかじめ登録することにより、許可されている端末のみ接続できるようにするためのものである。

9. 正解　×

　ハードディスクを処分する際は、データの読取りが不可能な状態にしてから廃棄する。例えば、リカバリCDを用いて出荷時の状態に戻すだけでは不十分であるため、物理的に破壊するか、**データ消去専用のソフトウェアを用いて**、確実にデータを消去する。

10. 正解　×

経済産業省の「情報セキュリティ管理基準」の「媒体の取扱い」において、取外し可能な媒体の管理のために、保管されたデータがまだ必要な間に媒体が劣化するリスクを軽減するため、読み出せなくなる前にデータを新しい媒体に移動すると示している。また、価値の高いデータは、一斉に損傷または消失するリスクをより低減するために、<u>複数の複製を別の媒体に保管する</u>としている。

問2．

A．

1．正解　ア

一般的に、<u>ブルートフォース攻撃</u>によってクラッキングされやすいのは、文字数が少ないパスワードや、英数字の単純な羅列で構成されているパスワードなどである。
なお、ブルートフォース攻撃は、総当たり攻撃とも呼ばれ、文字、数字、単語などのすべての組合せを順に試していき、パスワードを推測する手法である。

2．正解　イ

<u>ポートスキャン</u>とは、攻撃対象となるサーバ上でポート番号を順番に試してアクセスしていき、そのサーバのOSやアプリケーションなどにぜい弱性があるかどうかを調べる行為である。

3．正解　エ

<u>ゼロデイ攻撃</u>とは、セキュリティ上のぜい弱性が発見されたときに、開発者側からパッチなどのぜい弱性への対策が提供されるより前に、そのぜい弱性をついて攻撃を仕掛けるものである。
なお、LAND攻撃は、DoS攻撃の手法の一つであり、発信元を送信先と同じものに偽造したSYNパケットを送信し、送信相手を無限ループに陥れる攻撃である。

4．正解　ウ

<u>DDoS攻撃</u>とは、分散された複数のコンピュータから、大量のパケットを攻撃対象のサーバに送りつけ、そのサーバの処理能力を低下させたり、機能停止にする攻撃である。
なお、ウォータリングホール攻撃は、水飲み場型攻撃とも呼ばれ、攻撃対象のユーザが普段アクセスするWebサイトを改ざんし、そのサイトを閲覧しただけで不正プログラムに感染するように仕掛ける手口である。

5．正解　ア

<u>ESS-ID</u>とは、無線端末が接続できるアクセスポイントを識別するために使用する識別子であり、混信を避けるために付けられるネットワーク名のようなものである。

B．

6．正解　エ

RAID 1では、複数台のハードディスクに同時に同じ内容を書き込む。これをミラーリングといい、耐故障性が高くなる。

7．正解　イ

トロイの木馬とは、一見無害なプログラムを装い、システムのセキュリティを回避するように設計された不正プログラムである。
なお、試験的に作られた危険性の低い不正プログラムは、コンセプトウイルスである。

C．

8．正解　イ

以下のネットワーク経由での攻撃に該当するのは、標的型攻撃である。

> 主に電子メールを用いて、特定の組織や個人を狙う攻撃手法である。
> その典型的な例として、メール受信者の仕事に関係する話題を含む件名や本文で興味をひき、不正プログラムが埋め込まれた添付ファイルを開くように促し、不正プログラムに感染させるといった手口がある。また、不正なWebページを用意しておき、メールに記載されたURLをクリックさせてそのページに誘導し、認証情報などを詐取する手口もある。
> なお、この攻撃は、不正プログラムに感染させた後に、さらに遠隔操作を行うための不正プログラムを送り込み、攻撃対象のネットワークの調査や管理者権限の奪取などを行い、内部情報の窃取などの不正な活動をする場合もある。

9．正解　イ

ネットワークにおけるセキュリティ技術に関する内容は、次のとおりである。

> アクセスした際、Webブラウザのアドレスバーに🔒のマークが表示されているWebページは、通信が暗号化され、第三者による盗聴や改ざんの防止策がなされているページである。🔒のマークが表示されていることにより、正当なWebサイトかどうかの判断要素の一つとなるといえる。また、🔒のマークが表示されているサイトは、URLがhttpsから始まり、HTTPSというプロトコルが使われていることを表している。HTTPSによって暗号化通信が可能となり、第三者による盗聴のリスクが低下するだけではなく、通信相手を確認するための手段であるSSLサーバ証明書が利用できるため、情報を安全にやり取りすることが可能となる。

10. 正解　ウ

経済産業省の「コンピュータ不正アクセス対策基準」における「システムユーザ基準」では、次のような事項を示している。

ア：正しい記述である。
　　他人のパスワードを知った場合は、速やかにシステム管理者に通知すること。また、ユーザIDを利用しなくなった場合は、速やかにシステム管理者に届け出ること。

イ：正しい記述である。
　　ファイルの属性は、内容の重要度に応じたアクセス権限を必ず設定すること。また、コンピュータ及び通信機器を維持、保守するために必要なファイルは、盗用、改ざん、削除等されないように厳重に管理すること。

ウ：誤った記述である。
　　コンピュータを管理するために与えられた最上位の権限（以下「特権」とする）によるコンピュータの利用は、**必要最小限**にすること。また、特権によりコンピュータを利用する場合は、コンピュータ、場所、期間等を限定すること。

エ：正しい記述である。
　　コンピュータが無断で利用された形跡がないか、利用履歴等を随時確認すること。また、コンピュータを入力待ち状態で放置しないこと。

Ⅳ. コンピュータの一般知識

問1．

1．正解　○

スーパーコンピュータとは、メインフレームを大規模な科学技術計算に特化させたコンピュータの総称である。
なお、メインフレームは、汎用コンピュータとも呼ばれる。

2．正解　○

MP3とは、MPEG1の音声部分の圧縮アルゴリズムのうち、レイヤ3と呼ばれるアルゴリズムによって圧縮化される音声ファイルの名称である。MP3は、レコード会社やコンテンツプロバイダなどでの音楽配信サービスの際に利用されている。

3．正解　×

プリンタを印字方式によって大別した際、**ページプリンタに該当するのはレーザプリンタ**であり、**シリアルプリンタに該当するのはインクジェットプリンタとドットインパクトプリンタ**である。

4．正解　○

シリアルインタフェースに分類されるUSBの特徴の一つとして、パソコンに接続・取外しをする際の、プラグアンドプレイが挙げられる。

5．正解　×

中央演算処理装置とも呼ばれ、各種装置の制御やデータの演算・加工を行う装置は、**CPU**である。CPUは、入力装置や記憶装置からデータを受け取り、データの演算や加工を行い、出力装置や記憶装置にデータを渡す。

6．正解　○

ROMは、電源を切断しても記憶内容が保持されるという性質を持つ。これを不揮発性といい、ROMはこの性質を活かして、主にデータの保存に利用されている。

7．正解　×

ソフトウェアが作業中のデータの保存のために、一時的に自動生成するファイルは、**テンポラリファイル**である。一般的に、このファイルは、ソフトウェア終了と同時に消去される。

8．正解　○

IPアドレスとは、インターネットなどのネットワーク上にある機器を判別するための番号であり、データを送受信するコンピュータや通信機器に、重複なく割り当てられているものである。

9．正解　×

インターネットなどのネットワーク上にある機器のホスト名とIPアドレスを、相互に対応づけるためのシステムは、**DNS**である。

10．正解　○

ユビキタスコンピューティングとは、生活や社会の至る所にコンピュータが存在し、コンピュータ同士が自律的に連携して動作することにより、人間の生活を支援する情報環境のことである。

問2.

1．正解　ア

ANSIが定めた情報交換用の文字コードであり、7ビットで表現され、128種類のローマ字、数字、記号、制御コードで構成されているのは、**ASCIIコード**である。

なお、EUCとは、日本語UNIXシステム諮問委員会の提案にもとづいてAT&T社によって制定された、複数Byteの文字を扱う文字コードの枠組みであり、シフトJISコードとは、Microsoft社によって制定された文字コードであり、WindowsやMac OSなどで使用されている。

2．正解　エ

ネットワークで接続された複数のサーバが抽象化され、実体を意識することなく利用が可能な処理形態は、**クラウドコンピューティング**である。

なお、C&Cサーバとは、乗っ取ったコンピュータに遠隔から命令を送り、制御するためのサーバである。

3．正解　ウ

データの容量は、次のように表すことができる。

単位	比較
KB（キロバイト）	1KB ≒ 1,000B
MB（メガバイト）	1MB ≒ 1,000KB
GB（ギガバイト）	1GB ≒ 1,000MB
TB（テラバイト）	1TB ≒ 1,000GB
PB（ペタバイト）	1PB ≒ 1,000TB

4．正解　イ

Windowsなどの環境で実行できるプログラムが収められたファイル形式であり、一般的に、ダブルクリックすることにより、そのプログラムが起動できるようになっているのは、**EXE**である。

なお、CSVとは、主に表計算ソフトやデータベースソフトのテキストデータの保存形式として使用されているファイル形式である。

5．正解　エ

Windows環境において、フォルダ名に使用できない半角記号は、**／（スラッシュ）**である。

6．正解　イ

コンピュータなどの情報・通信機器だけではなく、自動車やロボット、家電、施設などのあらゆる物体（モノ）に通信機能を持たせ、インターネットに接続したり、相互に通信することにより、自動認識や自動制御、遠隔計測などを行う仕組みの総称は、**IoT**である。

なお、EC（Electronic Commerce）とは、オンラインショッピングやオンラインバンキングなど、インターネットやコンピュータなどの電子的な手段を介して行う商取引の総称である。

7．正解　エ

コンピュータや周辺機器、専用装置などを利用して、人間の感覚器官に働きかけ、現実ではないが実質的に現実のように体感できる環境を、人工的に作り出す技術の総称は、**VR**（Virtual Reality）である。

8．正解　イ

二次元コードに関する内容は、次のとおりである。

> **QRコード**とは、縦と横の二方向に情報を記録させたマトリックス型二次元コードであり、どの方向からでも読取りが可能である。その用途として、URLの情報が**QRコード**で表されたものを、スマートフォンや携帯電話に搭載されている対応カメラで接写して情報を読み取り、該当するWebサイトへ直接アクセスすることなどが挙げられる。チラシや雑誌などの印刷物だけではなく、入荷検品や在庫管理、病院での調剤などの幅広い場面で採用されている。

9．正解　ウ

TCP/IPで使われる代表的なプロトコルの名称とその概要を、以下の表に示す。

名称	概要
SNMP	IPネットワーク上で、ネットワーク機器の監視と制御を行うためのプロトコルである。
SMTP	電子メールを送信する際に用いられるプロトコルである。
POP3	メールサーバに到着した電子メールを取り出して受信する際に用いられるプロトコルであり、**SMTP**とセットで利用される。

10．正解　イ

以下の無線LANのイメージを表した図において、装置Aは**無線LANルータ**が該当し、装置Bは**モデム**が該当する。

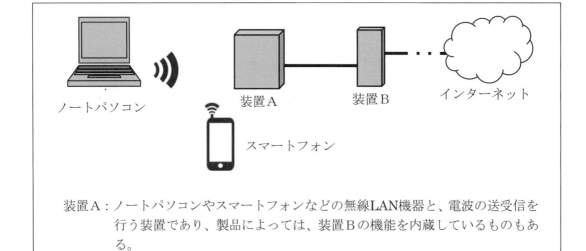

装置A：ノートパソコンやスマートフォンなどの無線LAN機器と、電波の送受信を行う装置であり、製品によっては、装置Bの機能を内蔵しているものもある。
装置B：電話回線やCATV回線などを通じて、インターネットで通信を行うための装置である。

情報セキュリティ初級認定試験 解答

Ⅰ. 情報セキュリティ総論

問1

1	2	3	4	5	6	7	8	9	10
○	×	×	○	×	○	×	○	○	×

問2

1	2	3	4	5	6	7	8	9	10
イ	エ	ア	ウ	イ	ウ	イ	イ	エ	エ

Ⅱ. 情報資産に対する脅威と対策①

問1

1	2	3	4	5	6	7	8	9	10
○	×	○	×	×	×	○	○	×	○

問2

1	2	3	4	5	6	7	8	9	10
イ	ア	イ	ア	ウ	ウ	エ	エ	イ	イ

Ⅲ. 情報資産に対する脅威と対策②

問1

1	2	3	4	5	6	7	8	9	10
○	○	×	×	○	×	○	○	×	×

問2

1	2	3	4	5	6	7	8	9	10
ア	イ	エ	ウ	ア	エ	イ	イ	イ	ウ

Ⅳ. コンピュータの一般知識

問1

1	2	3	4	5	6	7	8	9	10
○	○	×	○	×	○	×	○	×	○

問2

1	2	3	4	5	6	7	8	9	10
ア	エ	ウ	イ	エ	イ	エ	イ	ウ	イ

一般財団法人　全日本情報学習振興協会

情報セキュリティ初級認定試験	制限時間　60分
氏　　名	
会　場　名	

受験番号										
1	①	①	①	①	①	①	①	①	①	①
2	②	②	②	②	②	②	②	②	②	②
3	③	③	③	③	③	③	③	③	③	③
4	④	④	④	④	④	④	④	④	④	④
5	⑤	⑤	⑤	⑤	⑤	⑤	⑤	⑤	⑤	⑤
6	⑥	⑥	⑥	⑥	⑥	⑥	⑥	⑥	⑥	⑥
7	⑦	⑦	⑦	⑦	⑦	⑦	⑦	⑦	⑦	⑦
8	⑧	⑧	⑧	⑧	⑧	⑧	⑧	⑧	⑧	⑧
9	⑨	⑨	⑨	⑨	⑨	⑨	⑨	⑨	⑨	⑨
0	⓪	⓪	⓪	⓪	⓪	⓪	⓪	⓪	⓪	⓪

1. ＨＢまたはＢの黒の鉛筆、シャープペンシルで、○の中を正確にぬりつぶしてください。
2. 訂正の場合は、消しゴムできれいに消し、消しクズなどが残らないようにしてください。
3. 折り曲げたり、汚さないでください。

良い例	●
悪い例	∅ ⊙ ◐

Ⅰ．情報セキュリティ総論

問１	○	×	問２	ア	イ	ウ	エ
1	○	○	1	○	○	○	○
2	○	○	2	○	○	○	○
3	○	○	3	○	○	○	○
4	○	○	4	○	○	○	○
5	○	○	5	○	○	○	○
6	○	○	6	○	○	○	○
7	○	○	7	○	○	○	○
8	○	○	8	○	○	○	○
9	○	○	9	○	○	○	○
10	○	○	10	○	○	○	○

Ⅱ．情報資産に対する脅威と対策①

問１	○	×	問２	ア	イ	ウ	エ
1	○	○	1	○	○	○	○
2	○	○	2	○	○	○	○
3	○	○	3	○	○	○	○
4	○	○	4	○	○	○	○
5	○	○	5	○	○	○	○
6	○	○	6	○	○	○	○
7	○	○	7	○	○	○	○
8	○	○	8	○	○	○	○
9	○	○	9	○	○	○	○
10	○	○	10	○	○	○	○

Ⅲ．情報資産に対する脅威と対策②

問１	○	×	問２	ア	イ	ウ	エ
1	○	○	1	○	○	○	○
2	○	○	2	○	○	○	○
3	○	○	3	○	○	○	○
4	○	○	4	○	○	○	○
5	○	○	5	○	○	○	○
6	○	○	6	○	○	○	○
7	○	○	7	○	○	○	○
8	○	○	8	○	○	○	○
9	○	○	9	○	○	○	○
10	○	○	10	○	○	○	○

Ⅳ．コンピュータの一般知識

問１	○	×	問２	ア	イ	ウ	エ
1	○	○	1	○	○	○	○
2	○	○	2	○	○	○	○
3	○	○	3	○	○	○	○
4	○	○	4	○	○	○	○
5	○	○	5	○	○	○	○
6	○	○	6	○	○	○	○
7	○	○	7	○	○	○	○
8	○	○	8	○	○	○	○
9	○	○	9	○	○	○	○
10	○	○	10	○	○	○	○

情報セキュリティ検定 実物形式問題集 Vol. 1

　　　　　　　　2018年4月13日　初版第1刷発行
　　　　　　　　2018年7月18日　　　第2刷発行

　　　　　　編　者　一般財団法人　全日本情報学習振興協会
　　　　　　発行者　牧野　常夫
　　　　　　発行所　一般財団法人　全日本情報学習振興協会
　　　　　　　　〒101‐0061　東京都千代田区神田三崎町3‐7‐12
　　　　　　　　　　　　　　　　　　　　　　清話会ビル5F
　　　　　　　　　　　　　　　TEL：03‐5276‐6665
　　　　　　発売所　株式会社 アース・スター エンターテイメント
　　　　　　　　〒107‐0052　東京都港区赤坂2‐14‐5
　　　　　　　　　　　　　　　　　　　Daiwa 赤坂ビル5階
　　　　　　　　　　　　　　　TEL：03‐5561‐7630
　　　　　　印刷・製本　日本ハイコム株式会社

※本書のコピー、スキャン、電子データ化の無断複製は、著作権法上での例外を除き、禁じられています。

※乱丁・落丁は、ご面倒ですが、一般財団法人 全日本情報学習振興協会までお送りください。弊財団にて送料を負担の上、お取り替えいたします。

※定価は、表紙に表示してあります。

　　　　　　　　　　ISBNコード　978-4-8030-1193-7　C2034

　　　　　©2018　一般財団法人 全日本情報学習振興協会　Printed in Japan